石原慎太郎への
弔辞

佐高 信

KKベストブック

文中人物の敬称は略させて頂きます。

まえがきにかえて
――日本のトランプ、石原慎太郎

「オバマ政権が始まった時よりも、ある意味では期待できる政権として総理がしっかりお付き合いすることができるのではないか」

安倍晋三の側近で内閣官房副長官の萩生田光一《はぎうだこういち》は、ある会合で、同じ体臭がするトランプへの安倍の親近感をこう語ったという。

『サンデー毎日』の二〇一六年一二月一一日号で、『毎日新聞』編集委員の伊藤智永はこの発言を引きながら、「日本もとうにトランプ化していたことに、私たちはこれから気づき始める」と書いている。

その元凶は安倍よりもやはり石原慎太郎だろう。石原こそが〝日本のトランプ〟

なのであり、石原を成仏させずにここまでのさばらせたということは、「日本もとうにトランプ化していた」ということを裏づける。

トランプと石原の共通点は多い。

トランプが人種差別主義者（レイシスト）であることはよく知られているが、石原も「三国人発言」などで、しばしば物議を醸してきた。

また、それに基づく排外主義も共通している。メキシコからの不法移民に対して国境に壁をつくると言ってトランプは当選した。

石原も、たとえば中国に対して好戦的姿勢を崩さない。シナと呼び続けるのもその一端である。

ソニーの盛田昭夫と石原の共著『「NO」と言える日本』（光文社）がベストセラーになった。

盛田にインタビューをした時、私は次のように問いかけた。

「盛田さんは、日露戦争のあと、冷静にポーツマス条約を結んだ小村寿太郎《こむらじゅたろう》を尊敬しているそうですけれども、小村寿太郎と石原慎太郎ではまったく違うタイプの政治家だと思うんですが、まず、なぜ、小村寿太郎なのか」

それに対して盛田は、

「小村寿太郎という人は、ほんとうに一身を賭してあれを結んだ。興奮した日本の大衆が反対するであろうことを知りながらも譲歩して、結局は平和を選択した。あそこでがんばれば、勇ましい人になったかもしれないけれども、国のために一身を捨てたということですね。私はああいう人がほんとうの外交官だと思うんです」

と答えた。

それに異存はない。

しかし、それなら、なぜ偏狭《へんきょう》な愛国心を煽《あお》る石原との共著を出したのかと尋ねると、盛田は途端にトーンが落ちた。

その「エクスキューズ」を要約すれば、石原を昔から知っていたし、講演会を開きたいというので、日米問題について話した。

すると、電話がかかってきて、速記録を読んだらおもしろいから本にしたい、という。それで、あのように章ごとに交互に話が載るなどとは思わずに承諾した。

盛田は、石原の講演と自分の講演が明確に分かれて出ると思ったらしい。あの本が問題になったあと、友人からは軽率だと叱られたというが、「軽率」ですむ話ではないだろう。

私としては、もちろん、吉村昭が『ポーツマスの旗』(新潮文庫)で描いた小村と石原を一緒にしてほしくないし、盛田の小村観にも「ちょっと待った」をかけたくなる。小村を本気で尊敬するなら、石原との共著など承知するはずがないからである。

ともあれ、盛田は「共著」の件では大分懲りたようで、正式な英語版への翻訳を断っている。つまり、英語版では、共著ではなく、石原単独の著書となったのである。

それでも、友人は「非常にケアフルに読んでくれた」として、ロックフェラー四世の「ちゃんと読んだけど、お前の言い分には何も悪いことはない。よく読めば、日本人の悪いところも批判している」といった感想を紹介した。

しかし、石原と「セットになっている」ことが問題なのである。そのため、『ワシントン・ポスト』には「モリタズ・ミステイク」と出たという。

光文社は、『「NO」と言える日本』で味を占めて、次に石原と渡部昇一、それに小川和久で『それでも「NO」と言える日本』を出した。

それについて、国際派として知られる富士ゼロックスの小林陽太郎は『選択』(選択出版)の一九九〇年七月号で、こう書いた。

「本書を一読して、『またか』というのが私の飾らぬ実感である。NOはNOでも、二度目となれば、もう少し言い方があるのではないか。前書きでも『アメリカにとっての日本とは所詮いかなる〝NO〟も許され得ぬような存在』と断定しているが、こうした基本的姿勢から相手との冷静な議論が生まれるのだろうか」

残念ながら、二冊ともベストセラーとなったが、小林は冷静に、

「『アメリカは平等社会の国か』の章での、極端に階層化した企業しかアメリカにはないような書き方や、パームビーチという特殊な地域をあげてアメリカを云々するアプローチ、さらにキリストは有色人種だったから日本人のほうが芝居で演じて似合うと西欧人の観客は感じとったと察知した、などという例示は、とうてい素直な共感をもって読むわけにはいかない」

と指摘しつつ、日本が世界から信頼される道を指し示す。

「『来世紀の文明の主体者は日本とアメリカとヨーロッパの三大パワーになる』と言えるほど、いまだ世界の日本に対する支持基盤が広く固いとは思えぬし、また、『日本がアメリカを失えば、同時にアメリカは日本を失う』という意味の重大さをアメリカは悟るべきだ、との本書の結びは、そのこと自体がお互いに無益なことは言うまでもないが、それが等価値であるためには、日本がアジアの近隣諸国や欧州各国との間に、真に揺るがぬ信頼関係を築きあげねばならぬこと、そして、それには、まだまだ時間がかかることを確認して初めて意味をもつ」

小林は亡くなったが、中国との友好の大事さを説いて、右翼から自宅に銃弾を撃ち込まれたりもした。そんな経験もなく、テロも必要だなどと簡単に言う石原の、どちらが勇気ある人間であるかは明らかだろう。

トランプはオバマに対して、その出生疑惑を取り上げるとともに、オバマがムスリムだというデマも執拗に流した。

それは異常なほどだったが、それは石原が同じ選挙区の新井将敬《あらいしょうけい》に対して行った攻撃と酷似している。

『Ｖｏｉｃｅ』（ＰＨＰ研究所）の一九八五年一二月号で作家の石川好《いしかわよしみ》と対談した石原は、「日本におけるホモジニティの崩壊の端緒」だとして、こう言っているのである。

「日本のなかにもすでにコリアン・ソサエティがあるよね。そのうちベトナムのができたり、フィリピンのができたりするのかなあという気がする。現にぼくの選挙区で、帰化を隠して立候補している人がいる。それはそれでいい。だけど、国民のための選挙なんだから、国民は知る権利としてその人のパーソナル・ヒストリーを知る必要があるわけです。自分の学歴とか商売を書かなくちゃいけないのと同じように、帰化の前歴は書くべきではないのかな。それはきわめて政治的、文化的問題だと思う。そういうことがすりかえられたら困るな。」

石原はここで「それはそれでいい」などと言っているが、秘書が新井の選挙ポスターに「帰化」のシールを貼って問題になったことについては頬かむりである。得意の責任転嫁をここでも発揮しているのだ。

石原の小心さを表す特徴として、しきりに目をパチパチさせるというのがある。私も対談した時に、それが気になった。

トランプには「黴菌《ばいきん》恐怖症」があるという。

トランプは『金のつくり方は億万長者に聞け!』(扶桑社)でこう告白している。

「握手というのは恐ろしい習慣だ。よくあることだが、ひどい風邪かインフルエンザか、病気にかかっている人がやって来て、『やあトランプさん、握手したいんですが』と言ったりする。そうやって黴菌が広がっていくのは医学の常識じゃないか。握手じゃなくてお辞儀で済まされる日本の習慣がうらやましい」

これは民族浄化を掲げてユダヤ人を排斥したナチスの思想とも結びつく。

本書の第一章で指摘するが、石原はヒトラーを全否定してはいないが、トランプもしばしばヒトラーになぞらえられた。

ドイツのジャーナリスト、セバスチャン・ハフナーはヒトラーの人格について、こう述べている。

「ヒトラーにあっては、彼の性格、彼の個人的本質の発展とか成熟ということが全然みられないのである。彼の性格は早くから固定してしまった。より適切にいえば、とまってしまった、ということなのだろう。そして驚くべきことに、ずっとそのままで、何かがつけ加わるということはないのだ」(『ヒトラーとは何か』赤羽龍夫訳・草思社)

若くして芥川賞を受けた石原もまた「とまってしまった」人間だった。私が彼を〝父ちゃん坊や〟もしくは〝爺さん坊や〟と名づけた理由である。

ハフナーはトランプもヒトラーと同じく、強烈なナルシストだとし、ヒトラーは、「自己批判能力が完全に欠如している」

として、こう続ける。

「ヒトラーはその全生涯を通じてまったく異常なまでに自分にのぼせ上り、そもそもの初めから最後の日まで自己を過大評価する傾向があった」

「ヒトラーはヒトラー崇拝の対象だっただけでなく、彼自身がその最も初期からの、そして最後まで続いた、最も熱烈な崇拝者だった」

『石原慎太郎への弔辞』目次

第二章　橋下徹と組み、猪瀬直樹を後継指名した罪

第一章

無責任の権化、石原慎太郎

石原慎太郎の三つの罪

三年ほど前に美輪明宏と対談した時、石原慎太郎についてどう思うか、と水を向けると、美輪は、

「特に話題にするほどの方でもないかと思いますが」

と文字通り一笑に付し、私が、

「いま、大阪市長の橋下徹という人の子分になっていますね。まあ、どちらが親分で、どちらが子分かはわかりませんけど」

とさらに尋ねると、

「サタカさん、何か私に言わせようとしていませんか」

と逆に問い返され、

「自分の言いたいことを美輪明宏が言ってくれるというようにしようという魂胆がありませんか？」

と叩き込みを食わされた。

しかし、多くの人が「特に話題にするほどの方でもない」と看過《かんか》していたが故に、無責任極まりない石原は生き残ってしまったのではないか。

石原の罪は、大きく分けて三つある。

一つは、卑劣な責任転嫁の罪である。これは都知事としての豊洲移転問題で明らかになったが、その他にもたくさんある。

二つ目は、愚息かわいさの都政私物化の罪。長男の伸晃《のぶてる》をはじめ、モヤシのような息子ばかりなのだが、彼らのために特に都政を私物化した。二人も国会議員にしているのだから、国政も私物化していると言える。

そして三つ目は、時代錯誤の排外主義的タカ派の罪である。ハト派の田中角栄が中国との国交を回復しようとした時、青嵐会などというアナクロ集団をつくって田中の邪魔をした筆頭が石原なのだから、いまになって『天才』（幻冬舎）などという本を書いて田中を礼讃するのは盗人猛々《たけだけ》しいと言わなければならない。

私は都知事時代の石原と、一度対談をしたことがある。『週刊金曜日』の

二〇〇〇年七月七日号でだが、その時、田中について、

「角栄には言葉も戦略もあったけど、欲があった人ですな。やっぱり金権で日本を駄目にしたのはあの人ですよ」

と否定していた。

当時、銀行への外形標準課税を導入しようとして、石原はポピュリストだという非難を浴びていたが、それに対しては、

「私は世の中に出てからずっと有名でしたから、今さら有名になる必要はまったくないです（笑）。私がこれから忠誠を誓わなくちゃいけないのは東京都で、そのためにとにかく財政がもうぎりぎりなんだから。足りない三千数百億のうちから一千億は外形標準課税で賄ってもらう」

と言っていたが、いまになってみれば、石原が真剣に都の財政のことを心配していたとは思えない。

一度、都知事選で敗れた美濃部亮吉《みのべりょうきち》には対抗意識ムキダシで、

「あれは三流の学者だよ。ステレオタイプのコミュニストにすぎなかったな。変

な情念的な経済学で知事になっちゃったけどさ」

と言い、さらに、

「美濃部さんという人は物書きじゃないし、僕は小説家で一流だからね。その感性は自分で信じている。だけども政治家としてはどうかは知りませんよ。自分の持っている方法論でするしかないもの。自分の方法論というのは書くということだから、僕はそれをアダプトして行政をするしかないんだよね。だから僕は、大衆の心理、都民の心理をいちいち先取りしようと思っていない」

と付け加えた。

まさに辟易《へきえき》するしかない自己評価だが、この本は、無責任の権化のそんな石原への弔辞である。石原を持ち上げた者たちへの弔辞でもある。

芥川賞を取って舞い上がる

一九五六年に石原慎太郎は『太陽の季節』で芥川賞を受けた。この時、石原はまだ二四歳である。のちに作家となる森村誠一は石原の一歳下で、ホテルに勤めていた。

「私は、輝ける青春の一〇年間を〝鉄筋の畜舎〟とも呼ぶべきホテルでの生活によって失ってしまった。その失われた一〇年間の怨念を晴らすためにも、一〇年間は死んでも書き続けます」

と、デビューのころに森村は語っているが、権威ある文学賞を取ったばかりの新進作家に対しフロントで名前を尋ねたところ、

「天下の××を知らないのか！」

と怒鳴りつけられたのも忘れられない屈辱の思い出であると言う。

森村は何度尋ねても、この作家の名前を教えてはくれなかった。しかし、私は石

原なのではないかという疑いを捨てきれない。

ちなみに、ホテルのマナーが悪い〝四悪〟は、政治家、先生と名のつく人物（特に教授、作家、医者、弁護士）、チンピラ芸能人、マスコミ人間の四種であるとか。

「酔って帰館し、ロビーの観葉植物に馬のように旅尿した時代小説作家やルームメイドを強姦しそこねた大学教授、私はいまでもその実名を挙げることができる」

と森村は書いている。

さて、その『太陽の季節』である。

この作品は次の場面で有名になった。

〈風呂から出て体一杯に水を浴びながら竜哉は、この時初めて英子に対する心を決めた。裸の上半身にタオルをかけ、離れに上ると彼は障子の外から声を掛けた。

「英子さん」

部屋の英子がこちらを向いた気配に、彼は勃起した陰茎を外から障子に突き立てた。障子は乾いた音をたてて破れ、それを見た英子は読んでいた本を力一杯障子にぶつけたのだ。本は見事、的に当たって畳に落ちた。

その瞬間、竜哉は体中が引き締まるような快感を感じた。彼は今、リングで感じるあのギラギラした、抵抗される人間の喜びを味わったのだ。〉

これが当時、大問題になり、『太陽の季節』はベストセラーになったのである。湘南のカネ持ちボンボンたちの「自分が一番したいことをしたいように行った」だけのこの小説が波紋を呼んだのは、日本が平和だったからだろう。

石原は「価値紊乱《びんらん》者の光栄」などと気取って「我々の世代が現代に持つ意味は、我々が共通して抱く既成価値に対する不信とある面では生理的な嫌悪である」と力んでいるが、しょせんは「ごっこ」であり、「遊び」だった。大多数の若者たちとは無縁の戯れに過ぎなかったのである。石原はその生涯を通じて、それを証明して見せた。

この作品に対して選考委員たちの評価は真っ二つに割れた。

積極的に推したのは舟橋聖一と石川達三で、不賛成が佐藤春夫、丹羽文雄、宇野浩二。

舟橋が「私は若い石原が、世間を恐れず、素直に生き生きと、『快楽』に対決し、その実感を容赦なく描き上げた肯定的積極感が好きだ」と評価したのに対し、佐藤春夫は「この作者の鋭敏げな時代感覚もジャーナリストや興行者の域を出ず、決して文学者のものではないと思ったし、またこの作品から作者の美的態度の欠如を見て最も嫌悪を禁じ得なかった。これでもかこれでもかと厚かましく押しつけ説き立てる作者の態度を卑《いや》しいと思ったものである」と反論して対立した。結局、佐藤が譲って石原の受賞が決まったが、佐藤が納得したわけではなかった。

詩人でもある佐藤の「作者（石原）の態度を卑しいと思った」という感想は、さすがに鋭かったと言わなければならない。

若くして虚名を得た石原は天井知らずに舞い上がる。

ある年の夏、北海道へ講演旅行に行った時のことを、同行した文芸評論家の十返肇《とがえりはじめ》が伝える。円地文子《えんちふみこ》も含めて三人である。

釧路へ着いた石原は、早速、仲間のたまり場へ電話を入れた。

「どうだい？　東京は暑いだろう。北海道は涼しいぜ。うらやましいだろう」

と最初は自慢気に話していたが、相手の反応にだんだん不愉快になる。

「ナニ、めっきり涼しい、東京が？　そんな馬鹿なことがあるかィ？　え、本当かい、フーン、じゃサヨナラ」

そう言ってガチャンと電話を切った。

そして、十返たちに向き直り、

「東京は、このところ涼しいんだそうですよ。これじゃ何のために北海道へ来たのかわからんな。チェッ、つまんねェ」

と、不満をもらした。

これを見て十返は石原に「感情的けち」と名づけている。つまりは生活の悩みなど知るよしもない坊ちゃんなのだ。そして、そのままに石原は年を取った。

老残の坊ちゃんナショナリスト

「麒麟《きりん》も老いては駑馬《どば》に劣る」という。私は石原慎太郎を「麒麟」と思ったことはないが、彼がいま「駑馬にも劣る」存在であることは確かだろう。あたかも、自分だけは老いることなき特別の存在で、自分のやることはすべて許されると思っているかのようである。まさに老残の限り。

石原と瀬戸内寂聴の往復随筆『人生への恋文』（世界文化社）に、石原が親しい編集者から「老残」という題で新聞小説を書かないかと勧められて断った話が出てくる。

「第一、題名が気に食わない」という。言葉の余韻も良くないので、辞書を引いて確かめたら、「老いぼれて生き残っていること」とあったとか。

とすれば、『石原慎太郎の老残』（毎日新聞社）という私の時評集の題名は、さぞや石原を不快にしただろう。それは私の望むところである。石原は六〇歳になった

時、ヨット仲間から、

「えっ、もう六〇」

とからかわれ、こう言い返している。

「変化はこの世の常、誰だって年は取るんだ。確かに俺はもう六〇だが、お前らが何年か経って今の俺の年になった時、今の俺みたいに勝手気ままな年寄りでいられるかな、それが問題なのよ」

石原は八〇を過ぎても「勝手気ままな年寄り」でいる。いつまでも社長の椅子にしがみつく老害経営者と同じで、周囲への迷惑をまったく考えない。石原自身、この本で「高級な動物は自分の老いを悟り、次のリーダーに地位を譲って群れから離れていったりする」と書いているのだから、自分は「低級な動物」だという自覚があるのだろうか。

石原が都知事になった時に鳥取県知事になった片山善博は、まだ五五歳なのに、二期八年で退いた。三選されれば、任期中に喜寿を越えてしまう石原とは、あまりに対照的だった。片山は「権腐一〇年」、つまり、権力は一〇年経てば腐ると考えて、三選に出馬しないことを決めたのだった。このさわやかさに比して、石原は老醜をさらし続けた。

石原は愛国を唱え、ナショナリストを気取るが、そのナショナリズムは親バカ・ナショナリズム、あるいは身内ナショナリズムであることがはっきりした。世界に対してどころか、日本にも開かれていないファミリー・ナショナリズムである。

石原の次男の良純《よしずみ》の『石原家の人びと』（新潮文庫）によれば、石原は良純のオーバースイングをつかまえて、こう言ったという。

「お前のメチャクチャなフォームも、若い頃は青春の無軌道さみたいで可愛気があったが、三〇過ぎると、意固地な老人が人の言うことも聞かないでクラブを振り廻しているみたいで、醜くて嫌だね」

石原も他人のことはよく見えるということだろう。慎太郎的坊ちゃんナショナリズムをさらに幼児化させたのが、安倍晋三のお子ちゃまナショナリズムである。

田中角栄と正反対の石原慎太郎

石原慎太郎の「君 国売り給《たも》うことなかれ」が掲載されたのは、一九七四年九月号の『文藝春秋』だった。この「君」は田中角栄を指す。中国との国交回復を進める田中を石原は批判したのだが、二人の考える「国」は大きく違っていた。田中も国家百年の大計のためにそれを進めたのであり、石原もまた、それを阻止することこそが国を売らない道だと考えていた。暮らし重視の国家観とイデオロギー重視の国家観の相違とも言えるだろう。

その意味で、田中と石原は対極に位置する政治家である。現代の政治家では、国家観は石原に近くとも、亀井静香の方が「弱者びいき」という点で田中に近い。

一九九五年春、突如、石原が代議士を辞めると言った時があった。ドロドロとした永田町の論理では自分は首相になれないから政治家を辞めてもの書きに戻ると、その理由を説明する石原を亀井はこう突き放した。

「あなたの小説は、強者の論理で貫かれているから共感を呼ばないんだ」

一瞬たじろいだ石原が、

「君に、ぼくの小説がわかってたまるか」

と返す。

それから、石原は都知事に転じたが、その言説の中に、都民という言葉はほとんど出てこなかった。いつも国民と言うが、常に国のことを考えていたのか。それが都のことを置き去りにしてでなかったかは疑わしい。

オリンピックだ、尖閣諸島だと石原は大騒ぎしていたが、鳴り物入りで発足させた「新銀行東京」、すなわち〝石原銀行〟は消滅してしまった。

田中を追及した日中国交回復でも、土壇場で石原は裏切ったと、先年亡くなった浜田幸一が書いている。勇ましい青嵐会の同志のハマコーが、日中平和友好条約に対する石原の態度だけは許せない、と息巻いていたのである。

衆議院外務委員会で同条約を採決する時、

「賛成する時はいましかない」

と呟いて石原は立ち上がった。自民党では中山正暉だけが賛成せず、彼以外の自民党議員から共産党議員までが賛成した。

石原は本会議では棄権し、中山を含めた林大幹とハマコーの三人だけが反対する。

「石原くんはあらゆる場において『NOといえる日本になりたい』といっているけれど、それではなぜ、血判まで求めた青嵐会幹事長の彼が、本会議に上程される前の外務委員会において、日中平和友好条約に起立賛成したのだろうか？」

ハマコーは『石原慎太郎くんへ　キミは「NO」とは言えない』（ぶんか社）の中で、こう批判している。

ロッキード事件は、エネルギーの自立を求めた田中がアメリカによって葬られたのだといわれるが、それでは、石原よりも田中の方が「NO」と言っていたことになる。

中澤雄大の『角栄のお庭番　朝賀昭』（講談社）に特筆すべき話が出てくる。

石原が田中を「国を売るな」と大仰に批判して、わずか半年後のことである。

間近に迫った東京都知事選に自民党（三木武夫総裁、中曽根康弘幹事長）は、人気抜群の美濃部亮吉に対抗して石原を立てようとする。

それが正式決定して石原が立候補を表明したある日の夕方、砂防会館の田中事務所に、

「田中先生に面会したい」

と初めての客が申し込んできた。

それが石原だった。石原は人目につかないようにやってきた。中曽根から、

「一度は角さんに挨拶に行った方がいい」

と助言されたらしい。

門前払いを食わせてもいいところだが、田中は決してそんなことはしない。

軍資金を渡す場合でも、田中は常々、

「相手には心して渡せ。上から目線で、くれてやる、という気持ちが少しでもあれば、相手にもすぐ伝わって一銭の価値もなくなってしまう。受け取ってもらって、ありがたい。土下座する気持ちでいろ」

と言っていた。

だから、石原に対しても、よく来たな、と懇《ねんご》ろに応対して軍資金を渡した。そして最後に、帰ろうとする石原を呼びとめ、

「足りなきゃあ、また、いつでも来いよ」

と言ったという。

しかし、結果は石原の負けだった。プライドの高い石原にとって、これが屈辱となって、のちに再び都知事選に立つことになる。いわば、〝敗者復活戦〟だった。そして、その石原が猪瀬直樹を後継指名し、私たちは見たくもない醜悪なドラマを見せられることになってしまったのである。

老醜の親バカ都知事

老いが醜いのではない。老いを自覚せずに我執を通すことが醜いのである。これを「老残」というが、現在の石原慎太郎にこれほど当てはまる言葉もない。

石原の『息子たちと私　子供あっての親』（幻冬舎）は退屈極まりない本だった。銀行を辞め、親の七光り（叔父の裕次郎の石原軍団の力も借りてだから、さらに何光りか加わる）で国会議員になった三男の宏高《ひろたか》について、「いろいろな苦労が彼を一皮二皮むいてすっかりタフな男にしたてたのは、末弟の報告を受けなくても親の目にもよくわかります」などと書いているのだから、まともに読んでいられないことはわかるだろう。

「裕次郎の兄です」と選挙で叫んでいた石原は、もう利用価値がないと思っているのか、こんなことも言っている。

次男の良純は俳優になると言うので、裕次郎の石原プロに参加させたが、「この会社は弟（つまり裕次郎）や渡哲也という既存の大スターによりかかっているだけのもので、新人を育てるなどということにはほとんど関心がなく、彼（良純）のキャラクターを無視して『西部警察』とかいう乱暴杜撰極まりないシリーズに組みこむだけで何の手筈も整えてくれもしなかった」と。

しかし、ズブの素人を「シリーズに組みこむだけ」でも大変なことではないか。石原は次男の良純に素質がなかったとはまったく考えないらしい。これを親バカと言わずして何と言うか。老いて、その度合いはますますひどくなった。

仙厓《せんがい》和尚に老醜を諷刺した痛烈な六歌仙がある。その一部を引く。

くどくなる　気短になる
ぐちになる　出しゃばりたがる
世話やきたがる
またしても　同じ話に
孫ほめる
達者自慢に　人はいやがる

「孫」を「子」にかえれば、このいくつかは石原に当てはまるだろう。

〝住友の西郷隆盛〟といわれた伊庭貞剛《いばていごう》は「事業の進歩発達に最も害をなすものは、青年の過失ではなくて、老人の跋扈《ばっこ》である」と喝破したが、都知事としての石原の専横は、まさしく「老人の跋扈」ではなかったか。

ゴッホやルノアールの名画を買い漁り、自分が死んだら一緒に焼いてくれなどと言った、とんでもない経営者がいた。大昭和製紙の斎藤了英である。斎藤は長男を、学生時代に一流ホテルのスイートルームに住まわせ、そこから学校に通わせていたが、「息子はバカでも後を継がせる」と公言してはばからなかった。その親バカぶりは石原もこの企業私物化経営者と同じだろう。

そもそも、石原は息子たちをすべて慶応に学ばせているが、創始者の福澤諭吉の次の言葉をどう聞くのか。

「子供とて、いつまでもこどもたるべきにあらず。おいおいせいちょうして、一人前の男になるものなれば、おさなきときより、なるたけ人のせわにならぬよう、自分にてうがいをし、かおをあらい、きものもひとりにてき、たびもひとりにてはくよう、そのほかすべて、じぶんにてできることは、じぶんにてするがよし。これを西洋のことばにて、インジペンデントという」

ところで、『息子たちと私』で見逃せないのは、石原の陰険さである。長男の伸晃が行革担当の大臣になった時、総理の小泉純一郎に言われた通りにサンドバッグのように叩かれているのを見て、慎太郎は「中でも一番えげつないS」という与党の族議員に腹が立ち、伸晃に少林寺拳法四段の腕力で殴ってしまえと、そそのかしたという。そして、その後、Sの親分筋の実力者Nに、息子にしかじか言っておいたから、Sにはあまりいい気にならぬ方が身のためだと君から言っておいた方がいいと思うけどね、と告げたとか。

「間もなくSは外務省の予算関係のスキャンダルで逮捕されてしまい、Nもまた政界から引退してしまいました」と続くことから見ても、明らかに、Sは鈴木宗男であり、Nは野中広務としか考えられないが、石原はどうして匿名にしているのか。これは抗議された場合の逃げでしかないだろう。

三島由紀夫とはこんなエピソードがある。

三島の『絹と明察』が出た時、城山三郎が『朝日ジャーナル』に厳しい書評を書いた。

「この作品をして、『社会派』以上に社会を描いたものとあげつらう向きもあるが、社会と人とのダイナミックなかかわりあいなど描かれてもおらぬし、描こうともなされていない。しょせん、三島氏は、社会とは別のトラックを走っている人なのであろう」

こう結ばれたそれに三島が激怒した。

そして、城山を知っていた石原から城山に電話がかかる。

「(三島さんが) けしからんと怒っていると伝えろ、と言われた」

「怒っていると言われたってさ」と城山は苦笑していたが、これでは石原はメッセンジャー、つまり使い走りではないか。いま風に略せば、パシリである。そこには「インジペンデント」の精神のかけらもない。

その卑劣さ、陰湿さはこんな場面にも表れた。一九八二年の総選挙で、石原の公設第一秘書の栗原俊記が、同じ選挙区のライバルだった新井将敬の選挙ポスターに

「41年北朝鮮から帰化」とシールを貼って捕まった時、自分はそれを知らなかったと言って逃げたのである。

これに怒って、行動右翼の野村秋介は、

「日本人の面汚しだ」

と石原に抗議したとか。

新井の自殺の謎に迫った河信基《ハシンギ》著『代議士の自決』（三一書房）によれば、この事件から半年後の一九八三年春、新井は東京地検に栗原を告訴し、記者会見で次のように述べた。

「出生の条件を自分で選ぶことはできません。生命は父母からのさずかりものだからです。父や母が背負ってきた歴史から逃げることはできません。そんなことをこそことほじくり出してきて、石を投げつけるようなことをする選挙ゴロや一部の政治プロには負けたくない。それをはっきりさせたうえで、普通の人たちの判断に委ねたい。そう思って、相手のはっきりしているシール事件のほうの告訴に踏み切ったんです」

これに対して、石原は新井に一度も謝ることなく、新井が当選すると、『週刊新潮』の一九八六年七月二四日号で、こう語った。

「皆、割と鈍感だけど、帰化した人が代議士になるのは憲政史上初めてのことなんですよ。差別とか偏見とかではなく、原則論として考えなければいけない問題であると思うんです。一つは日韓関係で激しい摩擦が生じた時、いったいどちらの国益を優先させるのか、ということです。新井氏の原籍が北か南かよく分かりませんが、いずれにしても、日本と韓国の間には教科書問題や竹島の領有問題があるし、漁業権もいつも問題になっている。北は日本を敵視する大変な国ですしね。もとの祖国と今の祖国の友好につくすというのは結構なことだけど、必ずしもそうでない場合があるのではないか」

これこそ、まさに「差別とか偏見とか」だろう。この石原発言に新井は、

「石原さんの発言をアメリカやブラジルの日系議員はやりきれない思いで聞くでしょうね」

と言っていた。

狭量な〝愛国主義者〟の石原は、「核武装」論者の西村眞悟とは一緒に尖閣列島に行ったりした仲であるわけで、ほとんど同じ体質の人間である。

明らかに石原を指して、新井はこう書いた。

「二度ともう戦争なんかやってほしくないし、調子にのって戦争を口にするような人間を、ぼくたちの世代は信じて支持することができるだろうか。助けてくれと言いたい。いまでも、日本が核武装したらいいとか訳の分からないことを言っている人がいるが、そういうタイプの人間は、本質的なところで愛情というものを理解できない冷酷なタイプだとしか思えない。それに人間の基本的な条件として、無知なのだ」

新井の言う通りである。シール事件が示したのは、仮に秘書が独断でやったのだとしても、平気でそれを切り捨てた石原の陰湿な性格だった。

そんなことは知らぬ気に石原は「心の東京革命」とか言って、徳目教育の充実を進めた。しかし、「秘書が、秘書が」と秘書に責任をなすりつける〝秘書が族〟筆頭の石原こそ、徳目教育が必要なのは明らかだろう。徳から最も遠い人間が徳を語るのは、悲劇を通り越して喜劇である。

私は現在の安倍（晋三）内閣を〝青嵐会内閣〟だと思う。与党を含めての〝青嵐会政権〟と言ってもいい。青嵐会とは一九七三年夏に当時四一歳だった石原を幹事長に、中川一郎や渡辺美智雄が代表世話人、そし、浜田幸一が事務局長となって発足した自民党タカ派の政治集団である。

「青嵐会は、いたずらな議論に堕することなく、一命を賭して、右実践することを血盟する」という趣意書の結びでわかるように、問答無用の右翼的な集団だった。カミソリで指を切って血判するというその大時代さは、陰性な雰囲気に満ち、田中秀征が『自民党解体論』で指摘した如く、「陰気、野蛮、凶暴――この会の発足過程とメンバー構成が醸し出す、不気味で低俗な雰囲気は、正常な感受性から受けつけられない。そこには、闇の暗さがあり、凶器の鈍い光があり、何よりも血の臭いが」あった。

ために、非二世議員の野心家が多い青嵐会はキワモノ扱いされ、まともな議論の対象とはならなかった。派閥を脱けることもなく、ただ、時代錯誤の反共イデオロギーを声高に叫ぶ青嵐会は、「新右翼の潮流として党内に定着することもないだろう」（田中秀征）と見られていたのに、二〇年余り経って、時代は変わった。

石原が都知事になり、ハマコーがテレビの政治番組の常連となり、父の中川一郎を尊敬するという中川昭一が核論議で注目を浴びるようになる。そしていまや、同じ系統に属する安倍晋三が政権を握っているのである。

あえて、いま、石原慎太郎の老害を厳しく糾弾しなければならない理由がここにある。石原を表舞台から退場させれば、安倍も力を失うはずだからである。

但し、この石原にはさまざまに援軍がいる。たとえば、私が『田原総一朗よ驕るなかれ』（毎日新聞社）で徹底批判した田原もその一人だろう。田原は石原との対談『勝つ日本』（文藝春秋）で、

「石原さんは、いまの政治家には持っていないものを三つ持っている。メッセージ、パワー、スピード。この三つは、国民が望んでいて、しかも現在の政治に欠けているものです」

と持ち上げている。

正気かと怒鳴りつけたいくらいだが、結局、田原も老害となってしまったのだろう。石原と同じく、強者には媚び、弱者には限りなく尊大に振舞っている。そんな田原を私は『週刊金曜日』の二〇〇六年七月一四日号でこう批判した。

〈イギリスのチャールズ皇太子とも親交があるとかいう女性に、友人の紹介で会って、著書の推薦文を頼まれたことがある。お門違いだし、そんなつもりで紹介したのではないからいいよと友人も言うので断った。けっこうしつこかったが、断り通して、しばらくして送られてきた本を見たら、田原がオビを書いていた。エッと驚きながら、田原はダボハゼのように何にでも飛びつき、引き受けるんだなと思った。これだけはしないとか、これだけは断るとかいうことがない。つまり思想がないのである。そして、それをジャーナリストの条件のように勘違いしている。

田原の卒論は森鴎外で、生き方にも影響を受けているという。「ほととぎす厠《かわや》なかばに出かねたり」と言って首相の招きを拒否し、徴兵を忌避して北海道に戸籍を移した漱石と違って、鴎外は大日本帝国陸軍の軍医総監にまで昇りつめた。その鴎外を大岡昇平は『歴史小説論』（岩波書店）で次のように批判している。

「鴎外は自分が生きた明治政府に対して妥協的であったのと同じく、阿部一族の立ち向かった封建的条件について、妥協的であった」

そして、こうトドメを刺す。

「文豪鴎外の学識と文才に私は尊敬を失ってはいないのであるが、人は比類のない才能をもって、最も下らない政治に奉仕することがある」

私は田原が「比類のない才能」を持っているとは思わない。ただ、彼が「最も下らない政治に奉仕」してきたことは確かだろう。小渕恵三に奉仕し、小泉純一郎に献身し、そして、安倍晋三にも仕えようとしている。側用人、田原の御用チョーチンは政治に対してだけでなく、経済や経営に対しても高く掲げられる。

長谷川慶太郎、堺屋太一、そして竹中平蔵というバブル派経済論者に対し、城山三郎、内橋克人、そして私という反バブル経済論の流れがあるのだと私は強調してきたが、田原が教えを乞うているのは、長谷川、堺屋、竹中のバブル路線論者である。福井俊彦や村上世彰を含んで、別名、自己の利益だけを考える我利我利亡者。ほとんど経済のことはわからない田原は、彼らにうまく利用されているのに、その自覚がまったくない。ちなみに田原は宮内義彦とは『勝つ経済』（ＰＨＰ研究所）という対談本を出し、竹中の弟分で福井が仲人をした日本振興銀行会長の木村剛とも『退場宣告』（光文社）という共著を出して持ち上げている。その眼力のなさは恐ろしいほどで、『テレビと権力』（講談社）でも、松下幸之助や稲盛和夫など、「成功」した経営者を手当たり次第にほめまくっている。斎藤貴男が京セラならぬ狂・セラの稲盛の「カルト資本主義」を批判して訴えられたことなど、知りもしないのだろう。私が名づけた〝チョーチン屋総一朗〟の面目躍如。

逮捕前の堀江貴文を礼讃し、逮捕後もかばったように、かつてはリクルートの江副浩正を弁護してきた。「うさんくさい、虚業っぽいというのは、これまで存在しなかった、斬新な、ニュービジネスということ」なのだという。私は、リクルートを、創業当時から「理念なき膨張」と批判してきた。就職紹介と言いながら会社の批判すべき点は紹介しないからである。それと違って、政治家と結びついた官僚支配に真っ向から挑戦して伸びてきた宅急便のヤマト運輸は評価してきた。こうした違いが田原にはわからない。そして『僕はこうやってきた』（中経出版）を石原慎

太郎に絶賛してもらっている〉
また、石原の最大のアキレス腱として浮上してきたのが、石原が旗を振って誕生させた「新銀行東京」の大赤字である。都内の中小企業を支援する東京都民銀行があったのに、「自分がやった」ことを強調したい石原は、この別名〝慎太郎銀行〟をスタートさせ、二進《にっち》も三進《さっち》も行かないところまで追い込まれた。
二〇〇六年暮れに監督官庁の金融庁から「二〇〇七年三月期の中間決算で経常利益が一五四億円余りの赤字になっているのはなぜか」に始まる糾問を受けているが、この〝慎太郎銀行〟の暗黒が石原三選の最大のネックになるといわれた。すべてが石原のスタンドプレーがもたらしたものであり、都民がそのツケを払わされた。そして新銀行東京は、東京都民銀行と八千代銀行を傘下に置く東京ＴＹフィナンシャルグループの傘下に入る。

岸信介への親近感

二〇〇七年二月末に毎日新聞社から出した時評集のタイトルを『石原慎太郎の老害』とした。二〇〇六年のそれは『田原総一朗よ驕るなかれ』である。

試みに『広辞苑』を引けば、「老残」とは「老いぼれて生き残ること」とある。まさにいま、石原は老残の身をさらしている。

石原の老害を批判する一文を付け加えるため、たとえば石原の『わが人生の時の人々』（文春文庫）などを読んだが、改めて〝発見〟したことがいくつかある。

その一つは、石原がレーガンやニクソンが好きで、ケネディが嫌いなこと。つまりは共和党寄りということだが、同じラインで岸信介への親近感を隠さない。それにしても、「はね上がりの女子大生がデモの混乱の中で踏みつぶされてしまい、安保改定問題の主人公だった岸はイメージの悪い男になってしまった」、と書いているのはひどい。伸晃をはじめとして四人の息子たちは石原に馴致されて「はね上がり」にならなかったことを誇っているのだろう。しかし親父に反抗しない息子など気持ち悪い存在以外の何物でもないではないか。まして、父親としての石原に刃向かわない息子など、ロボット以下の存在だろう。

石原は岸を、実際に会ってみると「実にウィッティな」人だったと持ち上げ、六〇年安保の時の日本で初めて行われた政党党首によるテレビ討論でも「際立って明晰かつ説得力があった」と礼讃している。

そして、民社党の西尾末広や社会党の浅沼稲次郎の主張をこきおろした上で、例によって「天誅」などという言葉を持ち出しているのに呆れた。都政を私物化した石原に「天誅」は下らないのか、と皮肉りたいほどである。浅沼について、石原はこう書く。

「私はもともとこの浅沼という政治家が浅はかなものにしか見えず、彼が中国を訪問して向こうでさんざんおだてられ、帰りには贈りものとしてもらった人民服と人民帽を着こんで得意然と羽田に降り立ち、『アメリカ帝国主義は日中人民共通の敵』などとのたもうのをテレビで眺め、こんな軽率浅はかな政治家はその内天誅が下るのではないかと密かに思っていたら、果たせるかなああしたことにあいなった」

巻末の解説で田辺聖子がこの文庫を絶賛している。

鳥なき里のコウモリ

いま、その柄においてもテレビを占領しているようなマツコ・デラックスが、石原慎太郎のゲイ・レズビアン差別発言に怒っている。

「テレビなんかにも同性愛者の連中が平気で出てるでしょ。日本は野放図になり過ぎている」

こう放言した石原は、

「(ゲイは) どこかやっぱり足りない感じがする。遺伝とかのせいでしょう。マイノリティで気の毒ですよ」

と、一見同情的な差別発言をしたのである。

かつて、おすぎとピーコも石原に侮辱された。

「だいたい、ホモと精神病院の患者も一票持っていることが許せない」

と石原は叫んだと言う。

「なに言ってるの！　選挙中は、あんた電信柱にも頭を下げていたくせに！」と二人は言い返したらしいが、それでも屈辱感で震えるくらいに悔しかった、と言っていた。

石原は参議院議員からスタートしたが、その選挙の公示前、友人の文芸評論家、江藤淳に電話してきて、

「おい、おれはくたびれたよ」

と嘆いたという。

江藤は、出たばかりでくたびれるヤツがあるか、と喉まで出かかった言葉を飲み込んだが、多分、電話の向こうで、まぶたをピクピクさせる表情を繰り返しているのだろうと推測している。男らしさにこだわる石原は、江藤が指摘しているように、逆に神経質で覚悟が足りないのである。

鳥なき里のコウモリよろしく、政界では作家の顔をし、文壇では政治家の顔をする。逃げ場を持っている石原は、だから一九九五年に議員勤続二五周年の表彰演説で政治家を辞めると宣言した。

その前に亀井静香と平沼赳夫に会い、こう切り出す。

「ぼくは、もの書きだ。政治家を二五年やり続けながら、ものを書いてきた。しかし、納得できるものが作れなかった。ぼくの作家人生はあと一〇年だ。その一〇年を大切にしたい。それに全国には、いまだにぼくが総理大臣になることを期待してくれる人たちがたくさんいる。若いころは、総理大臣になることを目指してきた。しかし、ドロドロとした永田町の論理では、天地がひっくり返っても自分は総理大臣になれない。それがわかっているのに、これ以上政治家を続けるわけにはいかない。期待してくれている人たちを裏切るわけにはいかないんだ。だから、政治家を辞める」

これを聞いた亀井は、

「あなたの小説は、強者の論理で貫かれているから共感を呼ばないんだ」

と突き放すように言い、石原は、

「君に、ぼくの小説がわかってたまるか」

と返したが、平沼によれば、石原は一瞬たじろいだように見えたという（大下英治著『亀井静香』小学館文庫）。政治を「強者の論理」でやられてはたまらない。

度重なる差別発言が示すように、石原には弱者やマイノリティの心情がわからない。しかし、その理解なくして政治家は務まらないのである。

亀井たちに対してだけでなく、国会で政治家を辞めると見栄を切った石原は、そんな演説など忘れたかのように、それからまもなく東京都知事という政治家になった。

慎太郎よ、国民に頭を下げろ！

「慎太郎！　五味社長に、頭を下げろ！」

一九八二年夏、当時、衆議院議員だった石原慎太郎にこう命じたのは、中川一郎の秘書だった鈴木宗男である。

自民党中川派の幹部だった石原を『国会タイムズ』という新聞が攻撃し、それを心配した中川が、同紙の発行人の五味武に電話をかけ、

「秘書の鈴木が、これから石原を連れてそちらに行くから、会ってやってくれ」

と頼んだのだった。

ひとまわり以上年下で、一介の秘書にすぎない鈴木に「頭を下げろ」と言われて、石原はそうしたというが、大下英治の『田中角栄になりそこねた男』（講談社）に書かれているこの光景は、石原にとって屈辱の思い出だろう。

しかし、〝強者〟に弱く、〝弱者〟に強い石原の本領を、これは最もよく表してい

るのかもしれない。

二〇〇二年一一月一五日に開かれた「石原都政にNO！」という市民の集いで、私は石原の特徴を「女性蔑視」「中国蔑視」「知性蔑視」の三つの蔑視に集約したが、それは裏返せば「男性礼讃」「台湾礼讃」「肉体礼讃」である。

その集会で、『世界』（岩波書店）に「空疎な小皇帝」という石原論を連載していた斎藤貴男は、石原には友だちがいない、と喝破していた。小泉純一郎もそうだが、それを聞いて私は、一九七〇年秋の石原と三島由紀夫のヤリトリを思い出した。

矢崎泰久著『情況のなかへ』（現代教養文庫）によれば、『話の特集』の編集長だった矢崎に石原が、

「三島さんと近く『毎日新聞』で公開書簡を交換する。そのあと『話の特集』で彼と対談してみたい」

と言ってきたという。

しかし、その後読んでみると、論点が離れていて、論争にはなっていない。

それでも、二人の対談はしばらくやられていなかったし、論点をしぼればおもし

ろいと思ったので、三島に電話をすると、次のような答が返ってきた。

「ぼくは、いやしくも文学者です。政治屋に堕落した人間とは口もききたくないという心境です。石原君が文学者として話したいというなら、多少の余地はあるかも知れないけれど、新聞を読んだ限りでは、もう彼は別世界の人間だ。接点がない以上、この対談は無意味ですよ。文学者としてのぼくが、石原君との同席に耐えられません」

私は三島も好きではないが、これはその通りだろう。

弟の裕次郎の人気にすがり、三島を利用する石原の化けの皮はすでに剥がれていたのである。

自民党を離党して都知事になった後の選挙で、石原は徳洲会の徳田虎雄と〝ゴーカン発言〟で知られる西村眞悟を応援した。仮に友だちがいるとするなら、こういう人たちが〝友だち〟なのである。

石原新党などが喧伝されたが、北朝鮮の拉致問題について、

「（拉致被害者の）子供を一人でも迫害したり、病気と称して殺したりなんかした

ら、指弾の対象になる。そういう国と日本は堂々と戦争したっていい」と発言する石原に期待したりしていいのか。

「憲法の拘束もへちまもない。超法規的に行動を起こしたことで（国民は）政府を逆に信頼する」などとも放言した石原に批判の声が湧きあがらないことが不思議である。

「慎太郎、国民に頭を下げろ！」

腹が据わってない男

自衛隊に乗り込んで割腹自殺する直前のころの三島由紀夫について、石原慎太郎が大岡昇平に、どう思うかと尋ねたら、皮肉屋の大岡が思わず歩を止め、

「あの人は、日増しに喜劇的になっていくなあ」

と呟《つぶや》くように言ったという。

たとえば、石原が「立派な絵描き」だと力む四男は、ある時、石原にこう言ったとか。

「僕にはよくわかるけど、お父さんははたからは理解されにくいねえ。多分一生本当には理解されないだろうな。いや、多分死んでからもじゃないかな。でも、それは覚悟でしょ」

これに対する石原の答がまた笑わせる。まさに親バカ子バカの見本だろう。

「あの時私はふと、とても嬉しかった。そうだ少なくとも俺の分身たちは、いや

とにかくこの息子だけは私について本質的なあることを理解、というより感じ取っていてくれるのだなと思いました」

石原と瀬戸内寂聴の往復書簡である『人生への恋文』の一節だが、何のことはない、親子で〝裸の王様〟になっているわけである。そして、長男と三男を国会議員にして、都政だけでなく、国政をも石原ファミリーで私物化しようとしている。

「喜劇が実は悲劇であり、背信が誠実であり、不条理が条理である」と麗々しくオビに謳った石原の『国家なる幻影』（文藝春秋）で石原は実に勇ましい。参院議長選でのミニクーデタ」という章では、河野議長誕生の立役者のように映る。切り崩しに遭って動揺した時に、

「河野さんがその決心なら、皆して河野謙三と書こうじゃありませんか。僭越《せんえつ》ながら私からもお願いします。その後の結果で八つ裂きにされても、その方が、互いに必ず悔やまずにすみますよ」

と石原が主張したと書かれているからである。しかし、これにはまったく逆の証言がある。石原が三木武夫に会いに来た時に「たまたま立ち会った」國弘正雄が『操

守ある保守政治家三木武夫』（たちばな出版）にこう書いている。河野謙三は〝重宗天皇〟とまでいわれた参議院議長の重宗雄三に逆らって立ったわけだが、石原は何と三木に、「アンチ重宗路線から逃げたい」と言ったという。

なぜ石原が三木に〝陳情〟に来たのか。当時、「河野謙三擁立劇の作ならびに演出は三木武夫」というのは政界周知の事実であり、だから三木に頭を下げて、「俺は河野に入れない。少なくとも重宗には弓を引かない」と言いに来たのだった。

國弘によれば、この時、三木は憐憫と侮辱に満ちた眼差しで石原を見据えて一喝した。

「君やらは謀反を起こしても権力から何もされないとでも思っているのか」

石原は選挙区（東京地方区）と票田だった立正佼成会を中心とする宗教政治連盟を重宗に抑えられ、圧力をかけられて、反重宗の立場を捨てようとしていたのだった。

それに対して三木が吐いて捨てるように「君やらは」と言ったことと、その時、石原が目をしばしばさせて、オドオドしていたことを自分は忘れない、と國弘は書いている。

後日、三木は「あの男は腹が据わっとらんのう」と言ったという。

西村眞悟と尖閣上陸を画策

石原慎太郎は小林よしのりと共にやって来る。銀行への外形標準課税導入で石原は喝采を浴び、私もそれには賛成したが、石原というメダルの裏は小林よしのりであり、自由党（当時）の〝ゴーカン〟野郎、西村眞悟である。

かつて私は、人間や政党を「好き、嫌い」の軸と、「評価できるか、評価できないか」の軸で分け、四つのタイプに分類した。まず第一に、好きだし評価もできるタイプ。第二に、好きだけれども評価できないタイプ。第三は、嫌いだけれども評価できるタイプ。第四が、嫌いだし評価もできないタイプである。

この分類に従えば、石原は嫌いだけれども評価できる（ところがある）第三のタイプに属していたが、第四の、「嫌いだし評価もできない」小林や西村と結託し、こちらの貌を露骨に出すようになった。

石原が都知事に当選した時、『諸君！』（文藝春秋）巻頭の「紳士と淑女」欄のコラム子は、こう書いた。

「南京大虐殺はでっち上げだと言った。頑固に支那という言葉を使う。尖閣列島は日本の領土だといった民族主義者である。お気の毒さま、その三つこそ石原が大勝した理由なんですよ。民族主義者がなぜ悪い。中国も人類の敵だ」

石原人気の沸騰で、このコラム子は高笑いしたことだろうが、ここでやはり、石原が西村と共に尖閣列島行きを計画した経緯を振り返っておく必要がある。

一九九七年二月、西村はこの計画を石原に打ち明け、石原は翌月すぐに、旧知の元日生劇場プロデューサー、西崎義展（のちに銃器密輸入事件で逮捕）に話をつけて、西崎が所有するオーシャン9号でフィリピンに行き、東南アジアの海に出没する武装海賊に備えて武器を調達した。『週刊朝日』の一九九九年八月二〇・二七日合併号によれば、同年四月、石原の自宅を訪ねた西村の目の前で石原はマニラ港に停泊しているオーシャン9号の西崎に船舶電話をかけ、具体的な段取りを決めたという。

そして、石原たちは五月二九日にマニラに飛び、オーシャン9号に乗り込む。出港直前にM16自動小銃二丁、実弾千八百発、M16付属の発射装置から打ち出す対人殺傷兵器りゅう弾三〇発が積み込まれ、火器を扱う船員ら一一人も乗り込んだ。船は六日後に石垣島に到着したが、岸壁には報道陣が待ち構え、大騒ぎになったので、武器は税関に申告しなかったという。

西村らは現地で九九年二月になって逮捕され、裁判などで、「石原氏がきちんと事情を説明してくれればM16の積載は決してしなかった。無論、石原氏は航行時にM16の搭載を知っていた」と語ったが、石原は顧問弁護士を通して「武器のことはまったく知らなかった」と〝全面否定〟した。

〝ソフトな慎太郎〟の小泉純一郎

社民党（当時）の辻元清美は小泉純一郎を〝オペラを聴く中曽根康弘〟と命名している。的確な定義づけだろう。中曽根も、歴代首相の中で小泉は吉田茂や池田勇人、大平正芳などと違って、鳩山一郎や岸信介、そして自分などと同じく国家を重視する首相だと語っている。

その中曽根が他に「似た者同士」として評価している政治家が石原慎太郎、小沢一郎、そして鳩山一郎の孫の鳩山由紀夫。いずれも自由民主党から出ているが、いずれ手を結ぶようになるとか。まだ成仏していない中曽根は一時期、自ら再び首相となって、石原外相、小沢防衛庁長官といった布陣も夢想していたらしい。その場合、小泉は官房長官にでもなるのか。ところで、石原の好きな歌は「同期の桜」。これは小泉の好きな歌でもある。

「最近感じてきたのは、女には三種類しかいないことかな。話してもわからない人、話せばわかる人、話さなくてもわかる人がそれだが、なかで一番いいのは、話さなくてもわかる人です。あるでしょう。雰囲気だけで、なにも話さなくても理解してくれる人。逆に、なにをいってもわからないのには、参ってしまう」

これは、テリー伊藤との対談（『小泉純一郎の暴論青論』集英社）での小泉の発言だが、もう少し強めにすれば、石原の発言としても違和感がないだろう。小泉は〝オペラを聴く中曽根〟であると同時に〝ソフトな慎太郎〟でもある。

この小泉で厄介なのは、ある程度、クリーン志向であること。厚生大臣当時、歳暮・中元の授受を厳禁し、それを貫いたという。

では、純一郎と慎太郎に違いはないとか。いろいろ漁ってみて、明確に違う点を見つけた。それは首都機能移転をめぐる見解である。

「首都移転は歴史への冒涜《ぼうとく》」とまで言う石原は、それは「非文化的で、非文明的で、経済的裏打ちもなく、信憑性《しんぴょうせい》もないし、日本全体に大きな迷惑がかかる」とし、「首都機能移転は利益誘導主義にすぎない。移転する理由が年ごとに変わるのはおかしいし、歴史への冒涜でもある。移転費用の半分で、首都圏は再生する」と批判する。

それに対し小泉はこう語っている。

「私は、東京に住んでいる人の多くは、それほど反対していないと思っています。なぜなら、首都機能移転は東京を快適な街にしとうという側面もあるからです。問題はどこへ移すかですが、はっきりいって私は具体的には決めていません。一九九六年の自民党総裁選挙の折り、愛知県内に首都機能を移す考えはあるかという質問を、演説会で受けました。そのときは、東京と大阪を結ぶ線上には移転しない方がいいいだろうと、答えています」

その東京の都議会議員選挙でも小泉旋風は吹いたが、厚相時代、その身内の年金福祉事業団を廃止しようとした小泉は、やはり、強敵だった。

麻原彰晃に影響を与える

オウム真理教の麻原彰晃が逮捕される前、

「私にはこれまで影響を与えてくれた偉大な人が三人いる。一人は毛沢東、もう一人がダライ・ラマ、そして三人目が石原慎太郎だ」

と語ったという。二〇〇一年の春、後出しジャンケンの都知事選立候補を伝える外国人記者相手の会見でのこのエピソードを披露したのは石原自身である。スピーチから質疑応答まですべて英語でこなしたこの会見で、ある記者から、

「ミスター石原、大変訊きにくいけれども、あなたの息子さんがオウム真理教の信者だという噂がありますが、本当ですか」

「イッツ、ア、グッド、クエスチョン」

と笑い、こう続けた。

「私の息子がオウム信者だと流したのはＬＤＰだ」

ＬＤＰ、つまり、リベラル・デモクラティック・パーティ（自民党）だと明言したのである。のちの自民党東京都連事務局が懲役一年執行猶予三年の判決を受けることになる石原中傷の怪文書にはこんなことが書かれていた。

「――石原慎太郎、議員辞職の真相について――オウム・クーデター、成功の暁《あかつき》には、石原内閣誕生？」という見出しで、

「石原氏四男、延啓《のぶひろ》氏はオウムの準幹部（官房長官副秘書官）だったが、第七サティアンで〝救出〟され、保護、その後暫くの間、高尾病院に強制入院させられていたことも初めて明かされました」

「クーデター成功の暁には石原慎太郎を首相に想定していたとの元オウム官房長官氏の爆弾証言までついています」

「検察当局との『司法取引』により、公職即ち国会議員を辞職することで、この話は闇に葬り去られたのです」

オウムが石原だとすれば、創価学会は誰なのか？　いずれにしても面妖な話である。

おかしいのは、この怪文書を東京都連の発信番号付きで各所にファックスした自民党に石原が都知事再選を要請されたことで、これでは、そのうちオウムとも〝和解〟するのではないか、と石原自身の進退さえ疑わしくなってくる。

前記の会見で、石原はその六年前の衆議院選挙を振り返り、

「麻原本人と私の息子の伸晃が杉並区でぶつかった。東京二区ではオウムの女性幹部と私がぶつかった。麻原は『慎太郎と伸晃を〝ポア〟しろ』という命令を出そうとしたが、そもそも尊敬する人物を『殺せ』という麻原はどういう人なんですかねえ」

と答えて会場の笑いを誘った。拙著『許されざる者』（毎日新聞社）には、中川一郎の秘書だった頃の鈴木宗男に連れられて慎太郎が『国会タイムズ』の社長に頭を下げる逸話を引いたが、必要なら彼は麻原にも頭を下げるかもしれない。

チンピラ右翼の露払いで昂まった石原待望論

田中眞紀子人気の凋落と反比例するように石原慎太郎に対する期待が昂《たか》まった時期がある。小泉純一郎はもう一つだが、慎太郎なら本当にやってくれるのではないかという思いが、彼を推す人にはあったらしい。しかし、問題はどういう「改革」なのかということだろう。「改革」して、さらに悪くなる場合もある。私は石原を〝日本のルペン〟と断じたが、残念ながら、そういう議論は少なかった。

二〇〇二年の春には『月刊　石原慎太郎』という雑誌まで出た。マガジン・マガジン社の発行で、編集主幹の福田和也による石原へのロング・インタビューが収められている。「二〇〇二年、わが日本国のかたちは石原慎太郎が創る！」とあるが、彼に「日本国のかたち」を創られてはたまらない。

〝石原幕府で究極のニッポン改革を！〟という頁には、将軍が石原、大老に中曽根康弘、筆頭老中に小泉純一郎といった面々が顔写真つきで並んでいる。大番頭に安倍晋三、大目付が西村眞悟、そして、マスコミ奉行が浜田幸一だから、物騒な人間勢ぞろいである。

「チンケな野党を許さない救国幕藩体制」とあり、別の頁には、〝害鳥図鑑《あかいからす》〟として、筑紫哲也、久米宏、大江健三郎、そして私などが並べられている。ペログリカラス知事の田中康夫とともに、石原幕府になったら排除したいメンバーなのだろう。筑紫については、「平和ボケした若者に媚びたコメントを日々垂れ流して悦に入る、頭毛は白いが脳みそは真っ赤。パキスタンの若者に嗚く」という注釈がつき、私には「評論家目イチャモン科。政財界人・文化人などへのデタラメな噛み付きを〝辛口〟と自称するも、実は小心弱腰の鳥畜生」というそれがついている。「鳥畜生」とは、石原を批判する鳥取県知事の片山善博を私が評価しているので、そのことを皮肉ったつもりらしい。

北朝鮮の日本人拉致問題をめぐっては、石原はこんなことを言っている。

「『風とライオン』（一九七五年・コロムビア）という二〇世紀初頭のモロッコを舞台にしたアメリカ映画があるけれど、アメリカ人の母子をリフ族の首長に誘拐されたセオドア・ルーズベルトが、その救出のために海軍を出動させる場面が描かれています。私はそれが国家というものの本質だと思う。日本に力がないかといえば、軍事力も、資金力も、決して侮られなくてすむくらいの力は持っているのに、それを用いる政治指導者に構想力と知恵、勇気と覚悟がない」

この〝持論〟が二〇〇二年六月一九日号の『ニューズウィーク日本版』にも載って問題となった。そこで石原は「北朝鮮に拉致された日本人がいるが、あなたが首相だったらどうするか」という問いに答え、こう言っている。

「昔、『風とライオン』という映画があった。（モロッコのリフ族に）拉致されたアメリカ人教師を（セオドア・）ルーズベルト米大統領が軍艦を送って取り戻したという内容だった。この映画は、国家の国民に対する責任を示している。私が総理だったら、北朝鮮と戦争してでも取り戻す。アメリカがそれに協力してくれないとしたら、安保条約は意味がなくなる」

石原の発言は勇ましいが、旧満州においてソ連軍が侵攻して来たら、関東軍が真っ先に逃げ出し、中国残留孤児が生まれたという歴史的事実を石原はどう考えるのか。

その発言を中国や韓国から批判されることについては、石原は、「私の批判というのは、日本人の八〇％から九〇パーセントの人々が共感してくれると思う」と自負しているが、まさに、石原待望論の背景にあった日本人の歴史観、戦争観が問われなければならないのだろう。

こうした風潮の中で、気鋭のジャーナリストの斎藤貴男が、石原に批判的な視点から、『世界』に「石原慎太郎という問題」を連載したのは注目される。

「親の威を借る狸」の石原伸晃

率直に言って、石原伸晃は批判するに価しない。「虎の威を借る狐」ならぬ「親の威を借る狸」であるからである。狸とは人相が狐より狸に似ているからで、狐ほどの知恵もありそうにない。そんな男が幹事長を務めたくらいだから、自民党の復権は絶望的だろう。『週刊現代』では、〝茶坊主幹事長〟と揶揄されていた。

当時、党改革のための中間提言を持って委員長の塩崎恭久が幹事長室を訪れた際、目玉である「首相経験者は次の総選挙で公認しない」という項目に伸晃が猛烈に反対したという。

「削除してくれ。絶対に認められない」

興奮して、こうまくしたてる伸晃に、まだ素案だと塩崎が説明しても聞く耳を持たない。

ベテラン議員からの電話が次々と来て仕事にならない。どうしても入れたいと言うなら、あんたが森（喜朗）さんや安倍（晋三）さんを説得してくれと、がなった伸晃はこんな暴言まで吐いた。

「こんな項目を入れるとは、自民党政治家として万死に価する！」

ここまで罵倒されて塩崎も堪忍袋の緒が切れた。

「あなたの権限で削除してください。あなたは改革のあっち側の人だ！」

〝首相中退〟の安倍や老害の限りの森に遠慮していては改革などできない。

自民党の若手議員がこう嘆いている。

「幹事長として器が小さすぎる。党を大改革するチャンスなのに、上しか見ていない。大連立だって、民主党との交渉は本来なら幹事長の専権事項なのに大島（理森副総裁）さんに異常に気を遣って、自らは動かないものだから一歩も前に進まない。総裁候補としては、石破（茂政調会長）さんはもちろん、小池（百合子総務会長）さんにも水をあけられましたね」

つまりは、まだ集票能力があると見ている慎太郎を自民党につなぎとめておくためのエサ、あるいはオトリでしかなかったのである。オトリ幹事長だ。

親バカの慎太郎は二〇〇一年三月一三日、この〝人質〟のために、都知事交際費を使って、当時の自民党の渡辺喜美、根本匠、塩崎、それに伸晃の四人を接待している。そして、「四騎《よんき》の会」が結成されるのである。

伸晃が何か功績を残したと言えるのは、引退を公言していた慎太郎を再び都知事に立候補するよう決意させたことぐらい。それとて、都民にとっては迷惑でしかなかった。

二〇〇三年九月一〇日、外務審議官だった田中均の自宅に爆弾が仕掛けられた時、慎太郎は何と、

「仕掛けられて当然」

とほざいたのである。

北朝鮮に対して弱腰だからというのだが、一水会顧問の鈴木邦男が『新・言論の覚悟』（創出版）で指摘しているように、「犯人を批判しないで被害者を罵倒」したのだから「醜い話」である。

さらに慎太郎は、それを謝罪も取り消しもせず、田中のやったことは「万死に価

する」とまで言った。これでは右翼テロに「お墨付き」を与えたことになる。名乗りを挙げた「建国義勇軍国賊征伐隊」も、まさか、都知事に誉められ、支持してもらえるとは思わなかっただろう、と鈴木は皮肉り、元テロリスト（志願）の鈴木の直感として、彼らは大喜びで更に続けると予想した。

不幸にして、鈴木の予想は当たり、朝鮮総連、朝鮮銀行、日教組、社民党などを襲って、銃撃したり爆弾を仕掛けたのである。それも東京だけでなく、新潟、広島、福岡と全国にわたって二四件も続いた。

「これは石原慎太郎のせいだ。安易にテロを肯定するからだ」

鈴木は怒りを込めて、こう指弾している。こんな慎太郎を引っ張り出したのだから、伸晃も同罪である。

火遊びを止めない醜悪な年寄り

耄碌したヒトラー

また、この男の火遊びが始まった。まさに年寄りの火遊び。八〇歳になっても、慎太郎はそれを止めない。私はチン太郎と呼んでいるが、老残をさらすこの男は『季刊芸術』（季刊芸術出版）の一九六八年号の江藤淳との対談では、こう言っていた。

「きみはヒトラーをどう思っている?」

という江藤の問いに、石原は、

「ぼくはある意味で評価する」

と答え、江藤に、

「なにを評価する?」

と突っ込まれて、

「つまり、彼のものの考え方――。彼のような理念が正義であったか悪であったかというようなことじゃなしに、あれは極度な啓蒙型の政治家――」

と言っているのである。

石原を、〝耄碌《ろうもく》したヒトラー〟とすれば、そのそばでチョコマカと動いていた副知事時代の猪瀬直樹は、さしずめゲッペルスということになるだろう。

猪瀬は石原が尖閣列島を東京都が買うと発言した時、購入のために国民の寄付を募るとコメントしたらしいが、破綻寸前だった新銀行東京、すなわち、〝石原銀行〟救済のためには何もやらなかった。

遂に潰れた木村剛の日本振興銀行と石原銀行の傷み具合はほぼ同じと言われてきた。石原が都知事という権力者でなければ、こちらもとっくに倒産していただろう。

この銀行問題は、タカ派には経済がわからないという私の持論を裏付けした。

経済、つまり暮らしよりは「愛国心」とかのイデオロギーを強調するチン太郎のようなタカ派には経済を理解する能力がないのである。それは小泉純一郎も同じだった。安倍晋三もそうである。

「見てて下さい。必ず立て直します」と大見得《おおみえ》を切った割には、石原は姑息《こそく》にも自らの責任は棚上げし、経営者の首をすげ替えて事足れりとしていた。

残念ながら、前回の都知事選で〝石原銀行〟のことを問題にするメディアは少なかった。

「中小企業専門の銀行になるつもりでいたら、ほかがこっちのまねをしてやりだしたんで、いろんな手違いがあったし、見込み違いもあった。都は大株主としてものを言って、三年先の目標が達成できるように努力しますよ」

石原がこう開き直ったのは、二年目の赤字も確実になった二〇〇六年だった。まだ累積赤字を抱えているそれを放り出したまま、今度は一度捨てた国会に戻ろうとしたこともあった。責任転嫁常習犯のチン太郎の賞味期限はとっくに過ぎていたのにだ。

「石原会見」のイタさ

田原総一朗と私の『激突！朝まで生対談』（毎日新聞社）で田原は、

「あらゆる議論に対立の構図ができるものです。それがわからないのは、佐高さんがギリギリの論争をしてこなかったというだけのことだよ」

と言っている。

田原が司会をして評判となった『朝まで生テレビ！』も、たとえばＴＰＰについて賛成か反対かのギリギリの論議をしてきたというのだが、田原は原発に対しては賛成派も反対派も無責任だと言うだけで、旗幟《きし》を鮮明にしていない。

しかし、少なくとも田原との間では議論が成り立って、一冊の本が生まれた。ところが、田原が推奨する橋下徹や石原慎太郎との間では、それは実現できないだろう。なぜなら、橋下も石原も脅迫型の政治家で、相手の話を聴く耳をもっていないからだ。聴こうともしていない。

特にひどいのは石原である。

名古屋市長の河村たかしの「南京虐殺事件はなかった」という発言に触れて、石原は二〇一二年二月二四日の記者会見で、こう放言した。

「昔、本多勝一ってバカがいたんだよ。『朝日新聞』の。結局彼は最後に修正したけどね。あんな南京占領の間に四〇万人を殺せるわけはないんだ。しかもあのときにね、陥落した二日後か三日後にね、大宅壮一と石川達三と林芙美子という、こういう代表的な日本の識者がね、報道班員で入っててんですよ。（略）石川達三はどっちかというと反体制的な人でしょ。大宅壮一も非常にシビアな評論家でしたよ。この人たちがね、『死体はあったけど、山と積まれるような死体は見たことがない』と。『あれは怪訝《けげん》な話だな』と言ってましたよ、彼らの滞在中もね」

これに対し、本多が論説委員を務める『週刊金曜日』の編集部員が、三月二日の石原の記者会見で、本多は人数については書いていないが、と尋ねると、石原は、

「いや、書いている」

と言い、

「『朝日』も書いて、あちこちで書いている」

と続けた。根拠を示さずにである。

さらに、大宅壮一は『サンデー毎日』の一九六六年一〇月二〇日臨時増刊号で、「（南京）入場前後、入場までの過程において相当の大虐殺があったことは事実だと思う」

と言い、数字については「数字はちょっと信用できないけどね」と前置きしながら、

「まあ相当の大規模の虐殺があったということは、私も目撃者として十分いえるね」

と語っているが、と質問したのに、石原は、

「私が聞いた話と違いますなあ。四〇万人という数字は信憑性がないと聞きましたしね。石川達三さんという反体制的な、あのしっかりした作家も『そんな事実はみなかった』と言っているし」

と否定し、三月九日の記者会見で同誌の別の編集部員が重ねて問うと、石原は激昂し、こう言い放った。

「だからなんなんだキミは！　石川達三は豹変してだね、二枚舌を使ったかもわからんよ。しかし、いろんな事実があるわけだ、資料等が。それを基にした日本軍の装備の中で二週間か三週間で四〇万人の人を殺すなんてことは絶対ありえませんよ。物理的に」

石川の『生きている兵隊』（中公文庫）の記述に対しても、石原は、

「文士にはどんどん変わるヤツもいる。そうだとしたら石川さんを軽蔑《けいべつ》するね」

と見当違いのことを言っている。軽蔑されるべきは石原の方だろう。

石原慎太郎への手紙①

消せない「二つの卑怯」

卑怯な男、石原慎太郎殿

あなたは少なくとも、これまで二度、逃げた〝前科〟を持っていますよね。一度は田中角栄が推進した日中平和友好条約（一九七八年）の採決の時です。いま中国に対して勇ましいことを言っているあなたが、驚くべきことにそれに賛成したのですよね。

自民党の超タカ派の集団、青嵐会の同志だった浜田幸一は『日本を救う9人の政治家とバカ1人』（双葉社）の中で、あの時の慎太郎だけは許せない、と息巻いています。

いまから四〇年近く前のこととはいえ、衆議院外務委員会で、あなたがすっくと立って日中平和友好条約に賛成したということですから、ハマコーこと浜田幸一の怒りは当然でしょう。

あなたは、みんながそれを忘れていると思って、中国を敵対視する発言を繰り返しているのですか？

あなたに対してハマコーは、慎太郎はあらゆる場において「NOといえる日本になりたい」と言っているけれども、ではなぜ、血判まで求めた青嵐会の幹事長のあなたが、本会議に上程される前の外務委員会で、あの条約に起立賛成したのか、と詰問しています。

佐野眞一の『てっぺん野郎』（講談社）によれば、やはり青嵐会の同志でこの条約に反対した中山正暉が、北朝鮮の拉致問題に関して、あなたに「この政治家の体たらく」とまで書かれたので、逃げまわるあなたを国会に来た時につかまえ、こう面罵したそうですね。

「おまえ、ひとのことを〝この政治家の体たらく〟っていうてるけど、誰に向かってものをいうとるんや。ワシはおまえみたいに、よその女に子供を産ませたことないぞ」

するとあなたは顔面蒼白になり、しどろもどろで何を言ってるかわからない言葉を吐いたとか。

そして二つ目は、本書六一頁に書いた土壇場での逃走です。

渡辺美智雄も仰天する「老害」の極み

追伸　石原慎太郎様

あなたはもちろん、みんなの党の代表だった渡辺喜美の父親の渡辺美智雄を知っていますね。

いまから、四〇数年前の一九七三年夏、ミッチーと呼ばれていた渡辺美智雄を代表世話人に、あなたが幹事長となって、極めて右翼的な青嵐会は結成されました。事務局長の浜田幸一を含めて、みんな四〇代です。

それからまもなく、渡辺美智雄が「国会議員七〇歳〝定年制論〟」を打ち出します。

自民党副幹事長となって、「衆議院選挙の党公認候補選定作業に取り組んだ」渡辺は、「政党の人事が停滞し、新陳代謝が行われていないことが政界がよどむ大きな原因である」ことを痛感しました。

七八歳の自民党副総裁、椎名悦三郎の突然の「三木（武夫）首相引き降ろし工作」を例に挙げながら、「私どもに理解しにくいのだから、国民の側からすれば何のことやらさっぱり分からんというのが実態」と言い、こうした国民感情とのズレは自民党国会議員の老害に一つの原因がある、と渡辺は断じています。そして打ち出したのが「七〇歳定年制」でした。

七〇歳目前になって渡辺はこれを〝撤回〟してしまいましたが、正論であることは間違いないでしょう。あなたは七〇歳どころか、八〇歳になって立ったのですから、泉下の渡辺も仰天しているに違いありません。血迷うたか、と呆れているでしょう。

〝住友の西郷隆盛〟といわれた伊庭貞剛は「少壮と老成」と題した一文で、「事業の進歩発達に最も害をなすものは、青年の過失ではなく老人の跋扈であり、老人は少壮者の邪魔をしないようにするということが一番必要だ」と喝破しただけに、その出処進退は実にさわやかでした。伊庭は続けて、「人間、最も大切なことは後継者を選ぶことだ。そして、さらに大切なことは、その時期を選ぶことだ。また、後継者にいつまでも事業を引き継がないのは自分が死ぬことを忘れた人間だ」と指摘しています。

「乃公出《だいこう》でずんば」と、あなたのように八〇歳を超えても腕まくりをする人間が、「事業の進歩発展に最も害をなす」「死ぬことを忘れた人間だ」ということでしょう。

一世を風靡《ふうび》した植木等の決めゼリフ風に言えば、あなたはまったく「お呼びでない」のです。あなたはそうした声を聞く耳を持っていませんね。

「東京を放り出して国政に行ってしまうのではないか」

と記者に問われて、あなたは、

「そういう質問が出てくること自体が心外だな」

と答えたらしいですが、累積赤字を抱えていた「新銀行東京」すなわち〝石原銀行〟を放り出したことは確かでしょう。最初は「他の銀行が逆立ちしてもできないことをやる」などと力んでいたあなたが、二〇〇七年には「発案は私でその責任はあるが、私も金融の専門家ではない。経営者に責任がある」と逃げ腰になりました。責任転嫁があなたの得意とするところなのですね。

寝た子を起こした尖閣購入宣言

いま、日本の貿易総額の対米比率は一割で、香港と台湾を含む中国とのそれが三割を占めている。それを考えると、石原慎太郎が火遊び的にブチ上げた尖閣諸島購入宣言の愚かさがクローズアップされる。

『現代思想』二〇一二年一二月号（青土社）の野中大樹の「『南』へと向かう八重山」はそのことを具体的に教える。

「石原さんも変なことしてくれたよ」

沖縄県八重山諸島の石垣島でマンゴー栽培をやっている島田長政はこう嘆き、

「はっきり言って迷惑な話だよ。石垣の住民にとってあの島が誰のものかなんて関係ない。何もなかったところにわざわざ事を荒立てた。尖閣諸島に上陸でもしなけりゃ注目されない政治家がやってるんでしょ。政治家と違って一般の人は〝不労所得〟を得ようとは思っていませんよ」

と続けた。

沖縄、とくに八重山諸島と台湾は戦前から長い交流をしてきたし、深い関係を築いている。ある意味では、日本との関係より台湾とのそれの方が濃いとも言えるのである。

石原発言による中国との関係悪化はそこに亀裂を入れた。

「この地に住んでいない人がやってきて政治的な活動をしているのは甚だ迷惑です。こういう問題に国が出てくるとややこしくなるし、地域で問題を解決しようという機運が醸成されにくくなる」

やはり石垣島でガソリンスタンドやホテルなどを経営する大浜一郎はこう語り、

「国は言うべき事は言う必要がありますが、問題解決の方策が見えないまま出てくると、余計に問題が大きくなる。過激なことをやらないと立場を保てない人が、勝手な宣伝をする。こういう時だからこそ地域レベルでの交流を醸成する必要があります」

と腹立たし気に言葉を継いだという。

石原発言に押されて政府は国有化せざるを得なくなり、それがさらに事態を悪化させた。事前に国有化の非公式な釈明をしておかなかった民主党政権の未熟さが石原の愚劣さに輪をかけてしまったのである。

大浜も島田も、いわゆる「革新」の立場に立つ人ではない。保守の人間が石原らを「尖閣諸島に上陸でもしなきゃ注目されない政治家」とか、「過激なことをやらないと立場を保てない人」と批判していることに注目すべきだろう。そもそも、島田は台湾から石垣島に移住した台湾二世である。マンゴー栽培はじめ、石垣島の農業は台湾人が教えたものだ。それで、二〇一二年の夏に「台湾農業者入植顕彰碑」の除幕式が行われている。

「台湾（小琉球）と沖縄（大琉球）は兄弟のようなものだよ」

こうも語る島田は、沖縄にオスプレイが強行配備されたことについて、

「俺は台湾人だけど、日本人は沖縄人を同じ日本国民とは思っていないんじゃないか」

と指摘したという。

また、石原が「シナや台湾の船が領海侵犯を繰り返しているが、地元の零細漁民を助ける」と主張しているのを、八重山漁協の上原亀一は迷惑がり、

「尖閣近海で領海侵犯等違法漁業を行う中国漁船は少ないですよ。特に、二〇一〇年に起きた、中国漁船と巡視船の衝突事故以降はね。漁師は魚を捕り、それを売って暮らしているわけだからトラブルが起きるような場所には行きたくないわけよ。それは中国の漁民も同じじゃないですか。政治がこういう状況だから、お互いに気を遣って船を出していますよ」

と言ったという。

『沖縄タイムス』の社長だった新川明は、国有化された尖閣諸島を本来の帰属先である沖縄（琉球）に無条件で譲渡した上で、中国や台湾との共同管理をと提案している。

石原慎太郎への手紙②

拝啓　石原慎太郎様

五百人から七千人へ——

この数字が何よりも二〇〇〇年九月三日の東京都の「防災」訓練の性格を物語っているでしょう。五百人は前年までの参加自衛隊員の数で、それが一気に七千人を超えました。

「防災」に名を借りた自衛隊の「治安出動」訓練だと私たちが批判して反対集会を開く理由はそれだけではありません。何よりもあなたのあの「三国人」発言が背景にあります。

私も編集委員の一人の『週刊金曜日』二〇〇〇年七月七日号の対談では、その点についての突っ込みが不足だと、読者から私の弱腰を非難されましたが、あなたと初めて一対一で向き合って感じたのは、この人は「子役」がそのまま年を取ったような人だな、ということでした。早くに芥川賞を受賞して、老獪な評論家などに囲まれ、ずるさも身につけているけれど、基本的にバランス感覚がない。

江藤淳はあなたを評して〝無意識過剰〟と言っていたそうですが、先の衆院選であなたが応援に行ったのは、自由党（当時）の西村眞悟や自由連合の徳田虎雄といった候補ですから、〝無意識〟ではないのでしょう。しかし、ゴーカン発言の西村氏にしても徳洲会を率いる徳田氏にしても、あなたと同じようにバランス感覚がなくて、その唱えている改革の中身は駄々っ子的なものでしかありません。この人たちに指導者的な立場に立たれたら困るというのが、まともな生活者の感覚でしょう。

私はあなたにも同じような危うさを感じるのです。つまり、「ごっこ」で政治をやられてはたまらない、と。

今度の自衛隊の大がかりな「防災」訓練は、石原慎太郎という未熟な子供が、オモチャでない軍隊を得て、嬉々としてやった火遊びでした。広がった火を子供は自分では消さないように、自衛隊が迷彩服の戦闘服を着て地下鉄に乗ったりした結果の後始末をあなたは自分ではしないのでしょう。あなたはいつも〝遊びっ放し〟で、飽きると「ヤーメタ」と放り出すのです。そう言えば、もう一人、あなたの兄貴分に火遊びが好きな人がいました。三島由紀夫です。

対談の中で、江藤淳に触れて話そうと思って話せなかったのですが、江藤さんと対談して、私は彼に、三島由紀夫より太宰治の方に親近感をおぼえるのではないか、と尋ねました。意想外だったのか、江藤さんは「ウーン」と唸ってから、それを肯定しました。だから、小林秀雄との対談で江藤が三島の自殺を「非常に合理的、かつ人工的な感じが強くて、今にいたるまであまりリアリティが感じられません」と断定し、小林と次のようなヤリトリをしているのにも違和感はありませんでした。

小林　三島君の悲劇も日本にしかおきえないものでしょうが、外国人にはなかなかわかりにくい事件でしょう。

江藤　そうでしょうか。三島事件は三島さんに早い老年がきた、というようなものなんじゃないですか。

小林　いや、それは違うでしょう。

江藤　じゃあれはなんですか。老年といってあたらなければ一種の病気でしょう。

この江藤発言に小林は「日本の歴史を病気というか」と呆然としていますが、江藤自身にどういう「老年」がきたのかはともかく、私は江藤にある種の成熟を感じていました。

小林、江藤対談は、あなたを高く評価するエセ江藤の福田和也著『江藤淳という人』（新潮社）からの孫引きです。福田は船戸与一作品等に低い点数をつけて話題となりましたが、あなたは福田に持ち上げられてその気になるほどオメデタクはありませんよね。

石原慎太郎への手紙③

拝啓　石原慎太郎様

あなたは二〇〇一年三月二二日の参議院法務委員会で社民党の福島瑞穂議員と政府参考人の間で次のようなヤリトリがあったのを知っているでしょうか。

福島議員はこう質問しました。

「国連の人種差別撤廃委員会は、条約四条の違反である、高い地位の公の役人による差別的な性格の発言、およびとりわけ、結果として（権限ある）当局によって行政的もしくは法的措置がとられなかったこと、そして、こうした行為は人種差別を煽動し促進する意図がある場合にのみ処罰されるという解釈に懸念を持って注目するものである、ということを言っております。お聞きします。『高い地位の公の役人による差別的な性格の発言』、この委員会では、誰の発言が問題になったんでしょうか。外務省でも法務省でも結構です」

あえて政府当局者の口からその人間の名前を言わせようとしたこの質問に、参考人はこう逃げました。

「お答え申し上げます。具体的な高官のお名前まで申し上げられませんけれども、よく御存知の方の御発言というふうに聞いております」

それで福島議員は次のように迫りました。

「これは議事録がきちっと出ているわけですから、今のようなことをおっしゃっても困ります。具体的にどういう議論になったか教えてください」

さすがに観念して、参考人はこう答えました。

「これは石原慎太郎東京都知事によるいわゆる三国人発言を指すものと考えております」

外務省は口を開けば国連外交、国連外交というけれども、その国連から、あなたの発言に対して、行政的もしくは法的措置をとったのか、と叱られたわけですね。

あなたは、オレは国連なんか知らん、と言うかも知れません。しかし、私は日本に来ている外国人特派員から、アメリカやイギリスの知事があんな発言をしたら、即刻クビだよ、と言われました。

逆に、日本では、あなたに喝采を送る人も多いわけですが、政府も参考人の答弁として次のように弁護していますね。怪し気な外交機密費を浪費して、ろくな外交を展開しない外務省らしいといえば外務省らしいということになるでしょうか。

「石原都知事の発言についての措置ということでございますけれども、その前提と致しまして、まずこれが条約に違反するのかどうかという点が問題なんだと思うのでございますけれども、この人種差別撤廃条約の解釈をする権限を与えられた外務省と致しましては、この発言は条約で言っておりますところの『人種差別を助長し又は煽動する』という、そういう意図で行われた発言ではないというように考えておりまして、四条には違反をしていないというふうに考えております」

あなたは、外務省に弁護なんかしてもらわなくてもいいというかもしれません。しかし、この外務省見解は明らかに委員会の勧告とは違うのです。〝確信犯〟のあなたには「馬の耳に念仏」だろうとは思いますが、福島議員の期待の弁で結びましょう。

「日本は人種差別撤廃条約を批准して、国内において人種差別がなくなるよう努力をすべきなわけです。ですから、高い地位の公の役人が差別的な発言をすることはこの趣旨には明確に反するわけですから、とられなかったことを私たちは共有化し、今後どういう措置をとるべきかということを一緒に考えたい、あるいは政府が前向きに今後どうされるのかをぜひ期待を致します」

石原慎太郎への手紙④

拝啓　石原慎太郎様

新銀行東京、俗称〝石原銀行〟の破綻は、タカ派には経済がわからないという私の持論をいっそう強固にしました。

経済、つまり暮らしよりは「愛国心」とかのイデオロギーを強調するあなたのようなタカ派には経済を理解する能力は備わっていないのです。安倍晋三首相や小泉純一郎元首相も同じですが、たとえば、東京都民銀行の創立者だった工藤昭四郎さんには、こんな逸話があります。

三一書房が大手製薬会社のベストセラー薬品を名指しで批判する本を出しました。著者は高橋晄正。企業に厳しいけれども、れっきとした医学者です。

困ったその製薬会社では、三一書房を訪ね、当時の竹村一社長に、

「何とか穏便に」

と頼みましたが、お引き取り下さい、と断られました。

それで、三一書房のメインバンクである都民銀行に圧力をかけたのです。それに対して、頭取だった工藤さんは、キッパリと拒絶しました。

三一書房が貸したカネを返さないとかいうのならともかく、そこが信じて出している本の内容に干渉することはできない、というのがその理由です。

逆に、自分たちの気に入る本を出しているなら余計に融資するというようなことをやっていたら、銀行経営は成り立ちません。

当然のことですが、このイロハが石原さんにはわからないのではないでしょうか。あなたは、あるいは、あなたが連れて来た経営者は、たとえば、あなたを厳しく批判している雑誌や本を出している出版社への融資など、けんもほろろに断るのではありませんか。

「見てて下さい。必ず立て直します」と大見得を切ったのですから、ここはやはり、税金投入などは考えず私財を入れるべきでした。

ちなみに、工藤さんは、都民銀行の主な使命は中小企業への金融だとして、営業時間を平日の午前九時から午後六時まで、土曜日は午後三時までにしました。

また、貸出資金を日本銀行からの借入れに依存することを避け、都民銀行自身の預金をもって賄うようにしたことや、大口預金よりも零細資金の獲得に重点をおき、外務員の勧誘と集金による定期預金に注力したのも、そうした意図から出たものでした。

融資の面でも、小口融資は経費と手数がかかり、危険率も大きいけれども、多くの中小企業の要望にこたえるため、大口融資を自制してまで小口融資にまわしたのです。

残念ながら、同行の現在は大分姿を変えているようですが、こうした工藤さんの経営理念などを見習っていれば、あなたはこんな泣き言を言わなくてもよかったでしょう。

「中小企業専門の銀行になるつもりでいたら、ほかがこっちのまねをやりだしたんで、いろんな手違いもあったし、見込み違いもあった。都は大株主としてものを言って、三年先の目標が達成できるように努力しますよ。ご不満ですか」

こう開き直ったのは、二年目の赤字も確実になった二〇〇六年の一二月でした。

「ほかの銀行が逆立ちしてもできないことをやろうと思っています」

スタート時には、あなたはこう豪語していたわけですが、では、「ほかの銀行」の経営者が責任を取らない現状を批判して、スッキリと辞任すればよかったのです。

無責任な〝爺さん坊や〟

いまや、〝水に落ちた犬〟と化している感じの石原だが、しかし、この〝トッチャン坊や〟ならぬ〝爺さん坊や〟こそ、改めて撃っておかなければならないだろう。それが慎太郎と手を結んだ橋下徹や猪瀬直樹の責任を問い、彼らの再登場を防ぐことになるからだ。

石原の辞書に責任という文字はない。自己責任を説く者がたいていそうであるように、慎太郎たちにとって責任は他人のそれを問う場合にのみ存在する。

江藤淳は慎太郎を評して、〝無意識過剰〟と言ったが、つまりは彼は子供のままに年老いたのである。

石原の著書に『息子たちと私　子供あっての親』がある。これは、ある意味で強烈なブラックユーモアの本である。

たとえば、石原はこう主張する。

「最近続発する親から子供への虐待という出来事は、親が子供を思って叱るなどという事柄とは本質異なって、親の資格を欠いた幼稚な大人があくまで自己本位に暮らそうとする中で、生まれてしまった子供をもてあまし勝手に苛立った上でのことに他なりません」

都知事時代にその地位を利用して四男の〝画家〟に便宜を図っていた石原こそ「親の資格を欠いた幼稚な大人」だと私は思うが、そう考えていないらしいところがコッケイで、ブラックユーモアなのである。

あるいは、「大学に行きながらの留学が贅沢とされるなら、自衛隊なり消防庁なり、あるいは、介護施設に入って、丸一年、夏や冬の休みなしに他の隊員と同じ条件で過ごすという経験もなまじの留学なんぞよりも大きな成果をもたらしてくれると思う。要はまず親の決心の問題です」などとも説いているのだが、石原は自分の息子をそうしたところへ入れ、「他の隊員と同じ条件で過ご」させるといったことは決してしないだろう。

もちろん私は企業が自衛隊に社員を体験入隊させることには反対である。しかし、それを礼讃する石原は、あくまでも他人の息子にそれを経験させようとする。

自分の息子に対しては〝スパルタ教育〟でないことは、すぐその後で、次男の良純を弟の裕次郎の石原プロが育ててくれなかったと泣き言を言っていることで明らかである。息子がひ弱だったからとか、主役を与えられただけでも大変な優遇ではないかなどとは、石原は考えないらしい。

石原と瀬戸内寂聴との書籍『人生への恋文』の中で、「画家をしている末の息子」がやって来て、石原にこう語る場面がある。

「僕にはよくわかるけど、お父さんという人ははたからは理解されにくいねえ。多分一生本当には理解されないだろうな。いや、多分死んでからもじゃないかな。でも、それは覚悟でしょ」

覚悟といった高尚なものなど、この〝爺さん坊や〟にはカケラもないことは、築地市場移転問題で責任を回避して醜く逃げまわっていることで明白になった。

私は二〇〇七年に毎日新聞社から出した時評集を『石原慎太郎の老残』と名づけたが、石原はある時、幻冬舎社長の見城徹から、

「『老残』という題で小説を書きませんか」

と勧められて断ったらしい。

「第一題名が気に食わない」という。

言葉の余韻も良くないので、辞書を引いて確かめたら、「老いぼれて生き残っているること」とあったとか。


まさに石原にピッタリではないか。石原の場合は、「老いぼれて生き残っていること」が醜いのではない。無責任の権化であることが醜いのである。

第二章

橋下徹と組み、猪瀬直樹を後継指名した罪

橋下徹の手下となった石原

橋下徹と組むことになった時、石原は「義経を守る武蔵坊弁慶」に自らを擬した。ということは、橋下が主人である。

だから、橋下に拒否されて、一の子分の小林興起を立候補させることができなかった。実に情けない〝親分〟である。

都知事の後継者に猪瀬直樹を指名したのも然り。石原は徳田虎雄率いる徳洲会のカネを自分のサイフのように使っていたが、それは猪瀬には渡さなかった。それで猪瀬が醜態を演じることになったのは、改めて説明するまでもないだろう。

石原は、自民党や公明党が推す増田寛也に対抗して立った小池百合子を「厚化粧」と罵倒して問題となったが、いまや、橋下も猪瀬もその小池と通じている。つまり、石原には決定的に人を見る目がないのである。そんな石原の〝選んだ〟橋下と猪瀬をここで断罪しておこう。かつての批判も含んでいる。

橋下徹大阪府知事の非常識な専制の数々

大阪府知事・大阪市長を歴任した橋下徹は、人間を信じたこともない寂しい人間らしい。深みのない、薄っぺらな人間と言ってもいい。大体、二万%出ないと否定した前言を翻して府知事選に出馬した二枚舌（もしくは三枚舌、四枚舌）の不誠実さは完全に忘れられている。

その橋下が、廃止の方針を打ち出した府立国際児童文化館の館内の様子を調べるため、職員に内緒で「隠し撮り」をしていたという記事が二〇〇八年九月七日付の『毎日新聞』に出ている。

「民間なら当たり前のリサーチ」と橋下は話したというが、「民間なら当たり前」などとはとんでもない。それは頭の中にチョンマゲが生えているような経営者のやることで、現在いたとしても、最低とか、愚劣のレッテルを貼られて排斥される。そんなことをやる「民間」の業績が上がるはずもなく、「民間」の実態を知らないにも程があるのである。たとえば、ボンボン社長で経営に何の実績もなかった自民党幹事長（当時）の麻生太郎と会ったりしているから、こんな見当違いのことを言うのだろう。

ついでに言えば、自民党総裁選にまつわるメディアのバカ騒ぎはどうしたことか。競馬の予想紙ではあるまいに、麻生が本命だとか、対抗馬が誰だとかばかり書いていたが、創氏改名は朝鮮人が望んだことだなどと差別意識まるだしの麻生でいいのかをこそ書かなければならなかったのではないか。

そもそも、二代続けて首相の座を放り出した無責任トップが属する政党に政権を引き受ける資格はないだろう。一応トップは選ぶとしても、〝自宅謹慎〟か、あるいは、退学、つまり、政党解散を命ぜられても本当は仕方がないはずである。

ところが、それを命ずるべき国民がメディアに踊らされて、そんな無責任政党のトップを選ぶことが、いかにも重大事であるかのように連日右往左往していた。

テレビを筆頭とするメディアの無責任さに後押しされて、橋下もメチャクチャなことをやっていたのであり、その意味ではメディアも同罪である。

橋下の知っているような、口だけ達者な「民間」の経営者と違って、〝会社再建の神様〟といわれ、実際に多くの会社を再建した早川種三は『会社再建の記』（日本実業出版社）で、こんなことを言っている。橋下は耳の穴をかっぽじって、よく聴いたらいいだろう。

「考えてみれば、会社が潰れたということに対して、労働組合にはあまり責任がない。労使のトラブルが原因で倒産したとしても、そのトラブルの原因はたいてい経営者の側にある。このことは、世間によくある労使間のトラブルについても、おおかた当てはまる。国鉄の場合もそうだ。私に言わせれば、あのように組合が意固地になってきたのも、労使関係がこじれてきたのも、その原因は経営者にある」

ある読者から届いた手紙によれば、会議などで気に食わない意見や異論を述べる部下には、府知事時代の橋下はすぐに、「それなら辞めてもらおう」と言い、持論の「教育委員会不要論」を展開して、府の教育委員を大幅に変えようとした。島田紳介などのお笑い芸人を選ぼうとしたのだという。

島田らのお笑いは、ビートたけしのそれと同じく、強者にはペコペコし、弱者をいじめる典型的な追従笑いである。それを批判すべきメディアが持ち上げ続けたため、橋下の非常識な専制は天井知らずのものとなったのである。

チエの無い男、橋下徹

橋下を政治家と言っていいのかどうかわからないが、呆れるほどチエの無い男である。要するにアホだ。

たとえば、典型的な浪花節政治家の大野伴睦にさえ、こんなチエがあった。

まだ、中国と日本の国交が回復される前、日本共産党のトップだった野坂参三が中国へ渡ろうとした。しかし、外務省が旅券を出すはずがない。

困った野坂は大野のところへやって来て、外務省に話してくれという。

共産党とは犬猿の仲だが、頼まれたらイヤとは言えない大野は、外務省に掛け合った。すると、自民党の中から大野はおかしいという声が出てきたのである。

それに対する大野の答えがいい。現在は、中国を中共とは言わないが、大野の口調を生かす意味で、敢えて原文のまま引用する。

〈思想的にアカでない人間を中共にやるのは心配だが、アカの野坂君をアカの国

に旅行させても、これ以上アカにはならない。格別、中共行きを騒ぐ必要はないよ〉

単純で性急な橋下が、こうしたチエを持つようになることは期待できないだろう。単細胞な橋下は、要するに自信が無いのである。だから、奥行きのあるチエを身につけることができない。

大阪府の教員に学校行事での『君が代』の起立斉唱を義務づける条例など出したのも、そうした浅薄さの表れである。

同じ大阪人でも映画『パッチギ！』の井筒和幸監督は『週刊アサヒ芸能』（徳間書店）のコラムで、橋下率いる「大阪維新の会」という字面が気持ち悪いと指摘している。

〈そう言うてる人間がオレの周りに何人もいる。幕末ドラマの見過ぎなのか。字面のムードに勝手に酔いしれて、劇中の主人公にでもなったつもりで勇んで名付けたんやろ。オレにはそうとしか思えない〉

井筒はこう追撃している。

大体、愛と強制は対立するものであり、なじまない。強制された途端に、愛は愛でなくなるからである。

橋下のオツムでは、こんな基本も理解できないのだろう。

ましてや、三島由紀夫が「愛国心は嫌いだ」と言い切ったことなど理解の外に違いない。愛国心は「官製のにおいがする」し、「押しつけがましい」から嫌いだと三島は断言しているからである。橋下のやっていたことは、まさに「官製のにおいがする」し、「押しつけ」以外の何物でもない。

また、亀井勝一郎は日本の歴史を学んで、日本を愛する心と同じくらい日本を憎む心が湧いてきてもいいのだと言ったが、こうした愛の弁証法は橋下程度のガサツな頭ではわからないのである。

わからないならわからないで、謙虚に手を出さなければいいものを、ある種の人気取りでタカ派ぶってみる。そこに橋下の幼稚さが露呈している。

私は橋下を未熟で卑劣な男だと思う。島田紳介司会の『行列のできる法律相談所』に出てタレントをやっていたころ、橋下は山口県光市の母子殺害事件弁護団への懲戒請求をテレビで呼びかけた。しかし、自分は呼びかけただけだったことが明らかになり、それをめぐる裁判で敗訴し、『朝日新聞』に「弁護士資格を返上したら」

と書かれたら、例によってキレて、

「『朝日』はまったく愚かな言論機関。早く『朝日』みたいな新聞社はなくなってくれた方が、世の中のためになる」

とブチ上げ、

「人の悪口を言う『朝日新聞』のような大人が増えれば日本はダメになる」

とガナリたてた。

この男には、違う立場の意見を認めるゆとりや情の深さはまったくないのである。つまりはコドモなのだ。

橋下は、人間を信じたことも、信じられたこともない寂しい人間なのだろう。

この男が二万%出ないと否定した前言をいとも簡単に翻して府知事選に出馬した二枚舌（もしくは三枚舌、四枚舌）の不誠実さは完全に忘れられている。

自分の気に入らない人間は徹底的に叩く。これもコドモ、なかんずく駄々っ子の特徴だが、叩かれた側の（当時）大阪市長の平松邦夫は、

「みんなが閉塞感で内向きになり、悪者をつくって叩く風潮がある。自分の想い

通りにならなければ〝悪人〟というのは危険な面を感じる」

と批判しているが、もっともだろう。

自民党の大阪市議会議員の川嶋広稔《かわしまひろとし》も、橋下に、

「川嶋議員が市議でいる限りは大阪市は何もよくならないし、どんどん衰退していく」

と名指しで攻撃され、駅前などで演説していると、通りがかった者から、突然、

「アホ、お前は橋下のシンプルな理屈がわからんのか」

と罵声を浴びせられるようになったという。

私はタカ派は複雑な思考に堪えられないバカ派だと思っているが、橋下とその支持者はまさにその見本でもある。

橋下が、自分が市長に立候補した後の府知事候補にしたことのあるキャスターの辛坊治郎や、大阪市の副市長候補にあげた前横浜市長の中田宏も橋下と同じ典型的なバカ派で、つけるクスリはない。

気が小さいくせに暴走する。いや気が小さいから暴走する橋下は、鳥取県は小さ

いから県議会議員は六人でいい、などと言って物議を醸した。
抵抗されるや、あわてて謝ったが、謝るような発言をするな、ということである。
自分には甘く、他人には厳しいのがこの男の特徴なのだろう。

口先三寸タカ、橋下徹

「弱い犬ほどよく吠える」の典型

前略　橋下ツイッター徹殿

あなたのツイッターとやらを読んで、「弱い犬ほどよく吠える」の典型だな、と思いました。

ユーモアもなく、キャンキャンキャンキャンキャンとうるさい限りですが、言いたい奴には言わせておけ、という態度はとれないのですか？

あなたは山口二郎、浜矩子、内田樹、中島岳志らを「世間知らずの学者」と呼び、いかにも自分は違うと言いたげですね。しかし、いわゆるセンセイと呼ばれる人たちは、弁護士も含めて「世間知らず」というのは定評ではありませんか。

少なくとも、あなたが世間を知っているとは私は思いません。知っているなら、批判はありうるものとして、もっと冷静に対応するでしょう。

私は、あなたが批判している、というより口汚く罵《ののし》っている人たちよりも、あなたが共感している人たちに注目しました。

たとえば猪瀬直樹であり、竹中平蔵です。いずれも、小泉〝改革〟の側用人だった人ですが、猪瀬については、こう言っていますね。

「猪瀬さんに対してだって大学教授連中やコメンテーターは無茶苦茶言ってましたよ。じゃあお前がやってみろよ！　って。猪瀬さんの（道路）公団民営化の凄さは、政治・行政をやってみたら分かるんだ」

竹中平蔵も大学教授ですが、あなたに言わせれば違うのですね。

「実際に政治・経済のプロセスを体験し、実行した大学教授って、世間に対する謙虚さがにじみ出ている」

竹中を「謙虚さがにじみ出ている」と評価する人に初めて出会いました。自分が規制緩和した業界で伸びたパソナの会長になり、年俸一億円を取っているという竹中のどこを押せば、「謙虚」という音が出てくるのでしょうか。

私は『タレント文化人200人斬り』（河出文庫）で、猪瀬を一〇回以上批判しています。

だから、ここでまた猪瀬批判を繰り返しはしませんが、マイナスの改革であることがはっきりした新自由主義の推進者ではありませんか。

それと、あなたは、やはり自分の弱さを自覚しているのか、田原総一朗や石原慎太郎にしきりにエールを送っています。

石原という人は、私は〝鳥なき里のコウモリ〟だと思っています。ある時は作家面をし、ある時は政治家面をする。三島由紀夫流に言えば、「政治屋に堕落した人間」ですが、あなたはそうではないと言い切る自信がありますか。キャンキャン吠えてばかりいるところを見ると、猪瀬らと同じく、自信がない人なのですね。

明治維新の下手な替え歌が大阪維新ではないか

前略　大阪〝不〟維新ファンへ

小畑実の歌う「勘太郎月夜唄」をご存じでしょうか？　その中に、

〽菊は栄える　葵は枯れる

という一節があります。明治維新で葵の紋の徳川が滅び、菊の紋の天皇に支配者が代わったことを歌っているわけですが、当時八割を占めた農民にとっては生活が苦しいことに変化はなく、維新は〝裏切られた革命〟となりました。

それを知っていて、橋下徹が「大阪維新の会」を名乗ったのなら、相当のワルと言わなければなりません。

それはともかく、私は橋下の説く維新は不維新だと断定したいと思います。堺屋太一や竹中平蔵がブレーン的に入っていることでわかるように、彼らの主張する維新は小泉（純一郎）・竹中の「改革」と同じく、まがいものの変革です。

ＴＰＰ推進が象徴的で、いわゆる大企業の言うがまま。小泉・竹中路線の亜流であることは否定しようがありません。規制緩和と民営化ならぬ会社化が格差を広げたことはハッキリしていますが、それをまた橋下はやろうとしているのです。小泉の後継者の安倍晋三に近づいているのも、そのことを証明しているでしょう。維新八策とやらのどこを見ても、こうした会社の暴走に歯止めをかけようとする政策はありません。

二〇一一年一二月九月三日付の『毎日新聞』夕刊で関西電力が需要や融通電力量をいかにごまかしていたかが詳述されていましたが、そんな関電に簡単に説得されて、橋下徹は大飯原発の再稼働を容認してしまいました。

つまり、日本が官僚国家であることには挑戦的でも、会社国家であることにはまったく無警戒なのです。頭の中に入っていないと言っていいでしょう。あるいは規制緩和派の堺屋や竹中に洗脳されてしまっているのかもしれません。

いまから、二十数年前、東京の兜町や大阪の北浜で、北島三郎の歌う「与作」の替え歌、「のむら」が流行《はや》りました。

〽のむらはシラを切る
ヘイヘイホー　ヘイヘイホー
相場は怖いよ
ヘイヘイホー　ヘイヘイホー
お客は損を切る

トントントン　トントントン

言うまでもなく、「のむら」は野村証券を指しています。

そのころ私はアル・アレッツハウザーが書いた『ザ・ハウス・オブ・ノムラ』を監訳し、新潮社から出そうとしていましたが、野村が原著者を訴えたりして圧力をかけ、刊行はかなり遅れました。

しかし、野村がトヨタや松下電器（現パナソニック）といった大口法人顧客や、暴力団の稲川会会長だった石井進等には、損をさせないよう損失補填や便宜供与をしていたことが発覚し、こうした不祥事の責任を取る形で、当時の社長の田淵義久と会長の田淵節也が退任したことによって、訳書を訴えるどころの話ではなくなったのです。

刊行されるや、この本はベストセラーとなり、監訳者の私は、

「当分、兜町は歩かない方がいい」

と冗談まじりに忠告されました。

あれから二〇年、また、野村のトップが増資インサイダー問題で引責辞任しまし

た。

少しも変わっていないのです。

それは原発問題での東京電力や関西電力の対応を見てもわかるでしょう。反省する気も能力もない大企業のトップの暴走をどうストップするか。規制緩和派で、そんなことを考えない「大阪維新」の橋下を私は信ずるわけにはいきません。

ちゃっかり便乗タカ、猪瀬直樹

自分を売って都知事にまで登りつめた男

間違って猪瀬直樹が都知事になってしまった。

暴走老人、石原慎太郎の後に、石原の小役人だった猪瀬直樹が都知事という悪夢を見続けることになったのだが、この男と私はほぼ〝三〇年戦争〟を展開してきた。

率直に言って「相手にとって不足あり」なのだが、猪瀬の知事就任に際して、それをまとめて『自分を売る男、猪瀬直樹』（七つ森書館）という本を緊急出版した。副題は、「小泉純一郎に取り入り、石原慎太郎にも……」である。

この男のトンチンカン発言は、たとえば『朝まで生テレビ！』（二〇〇〇年九月二二日放映）で次のように表れる。

「企業をリストラという名目でクビになった人は、どう抵抗すればいいのか」と

いう問いに、猪瀬は、

「そりゃあキャリアアップしてやり直せばいいんだよ」

と答え、

「市場社会では当然ではないか」

と続けたというのである。

いまはなき『噂の真相』は当時、これは「セーフティネット」という概念すらない一九世紀の資本家と同じと批評し、「結局、この言葉には権力や象徴の周辺を巡って、とどのつまり、ミイラ取りがミイラになった権力志向の作家、猪瀬直樹の現在が象徴されているということかもしれない」と端的に結論づけている。

猪瀬は信州大学時代、全共闘議長だったらしいが、国鉄労働組合書記を経て、現在の位置にいるのだから、その変転ぶりはミゴトといえばミゴトである。

休刊中の『噂の真相』編集長、岡留安則は『編集長を出せ！』（ソフトバンク新書）という「トラブル裏面史」に、かつては付き合いのあった猪瀬のメディアへの圧力のかけ方を書いている。

『朝日ジャーナル』が健在だったころ、自分を批判した田中康夫の連載に対して、朝日新聞社の上層部を通じて圧力をかけたのである。

当時の『朝日ジャーナル』編集長、伊藤正孝はこれをハネのけ、田中の連載は続けられたが、他のメディアを巻き込んで業界内で話題となった。

岡留は「この一件以来、言論人にあるまじき猪瀬の権威主義的やり方に疑問を感じて、付き合いの上でも一線を画すようになった」と書いている。

岡留は、私との編著『100人のバカ』（七つ森書館）でも「営業の猪瀬さん」という言葉があるくらい原稿の売り込みがうまいから、小泉純一郎や石原慎太郎にも食い込んだのではないかと指摘し、

「あれだけ批判しているのに、ちゃんと新刊本を送ってきますからね、しぶといのかも。喧嘩したら、本なんか送らないじゃないですか、普通は」

と猪瀬の図太さに呆れていた。

ついでに言えば、夭折を惜しまれるユニークな消しゴム版画家のナンシー関に「『徹子の部屋』に猪瀬直樹は招かれるが、佐高信は招かれない」と書かれたことが

ある。

いずれにせよ、猪瀬は他人を蹴落としてでも自分は這い上がるタイプであり、そういう境遇に落とされた弱者や敗者には見向きもしない。だから、政治家には最もふさわしくない男である。

岡留とは『噂の真相　編集長日誌3』（木馬書館）所収の対談でも、猪瀬について話した。私が、

「『噂の真相』（一九九四年三月号）の猪瀬直樹に関する記事を見て、いちばんびっくりしたのは、猪瀬ごときで大手出版社がびびっちゃうのか、ということですね」

と驚くと、岡留は、

「出版社にもよりますよね。以前、田中康夫と猪瀬が論争し合ったことがあるでしょう。江藤淳の忘年会での猪瀬の振る舞いを、田中が『朝日ジャーナル』誌上で批判し、暴露したら、猪瀬は怒ってきたんですね。朝日新聞出版局（当時）の上層部を通じて圧力をかけたものの、朝日はそれを取り合わなかったので、彼はそれを『週刊文春』に持ち込み、そこで田中康夫批判をやったんです。そういう体質は全

共闘世代にとっては権力的で恥ずかしいことなので、あんまりないんだけど、そういうことを平気でやる珍しいタイプですよね。

ついでに言うと、小学館が猪瀬のお抱えやってるから彼自身が増長する下地は十分にあるわけです。一冊のノンフィクションのために一介のライターに三〇〇〇万ものお金を投資することはあまりないですからね。文芸部門としては後発の小学館では、お抱えの書き手がどうしても欲しかったんでしょうね。

僕らは売れない時代から彼を知っているから一体どうなっちゃたのかな、という気持ちです。いざ権力を自分が行使できる側になったら、それを思い切って行使する、という反権力の理念を忘れた典型的なパターンですよ。そこら辺の鈍感さが理解を超えているというか……」

と内幕を語り、私がさらに、

「いちばんの問題はコマーシャルに出るという神経ですね」

と批判すると、岡留は、

「タバコやバブリーなスポーツクラブ、健康飲料のコマーシャルもありましたね。

これらはどうしても出なきゃいけないものではないし、猪瀬が出る必然性もない。僕らの世代ではそこら辺が見識のギリギリの分岐点みたいなところがあります。今の若い人にはそれはだんだんなくなってきているんでしょうか」

と同意した。

猪瀬らしいエピソードがある。

小泉が首相時代のことだが、猪瀬は講演で演壇に携帯電話を置き、

「総理から連絡があるかもしれませんから」

と言って講演を始め、途中でそれが鳴ると、すぐに出て、誇らしげに会話していたという。

本当に小泉からの電話だったのかは分からない。

私は猪瀬と『創』（創出版）の一九九五年一二月号で、いわゆる〝激突対談〟をしたが、コマーシャルに出ることについて猪瀬は、

「僕は広告と仕事は分けていますから。ＣＭの出演料は僕が作品を書くための取材費に回される」

と言っている。そして最後に、

「あなたは作品として残すところに価値を見出すんだよね」

と皮肉ると、

「それは一〇年後、二〇年後の出来事についても責任をとるということです。僕はそういう作品を書いているつもりです」

と胸を張った。見当違いも極まれりだが、新銀行東京、すなわち〝石原銀行〟の無責任さには、どう後始末をつけたのか？


「変人」小泉首相と石原慎太郎に付き従った「役人」根性

前略　猪瀬直樹殿
二〇一二年一一月一一日付の『毎日新聞』東京版に載ったあなたへのインタビューを読み、あなたの勘違い度もずいぶん進んだなあ、と思いました。まさに病膏肓《やまいこうこう》に入るというか、喜劇的な感じです。あなたは東京都の「知事職務代理者となった筆頭副都知事」として、国の官僚組織と戦っているつもりらしいですが、私には、あなた自身が官僚としか見えません。

官僚は命じられたことの当否を問わず、速やかに、そして、効率的にその実現を図るのですから、あなたが石原慎太郎前知事の意を受けてやっていたことと同じでしょう。

あなたは石原や、石原の前にあなたを登用した小泉純一郎元首相を、「どっちも変人」とし、「変人とは気が合うんだ」と言っています。そして、二人に共通するのは発信力があることと称していますが、その力がマイナスの方向に発揮されたら、迷惑千万となります。

いま、「小泉・竹中（平蔵）〝改革〟」にプラス評価を与えるのは、むしろ稀《まれ》でしょう。私は『タレント文化人200人斬り』で、あなたを一〇回余り俎上《そじょう》に載せていますが、取り上げた人間の中ではダントツです。

あなたが道路公団民営化推進委員会とやらの委員になって騒いでいた頃、小泉が個人情報保護法という名の疑惑隠し法を強行しようとしたので、あなたもこれに反対のはずだから、どうしても小泉があなたを委員に望むなら、この明らかな言論弾圧法を引っ込めるよう条件をつけろ、と私はアドバイスしたのですが、もちろん、あなたは聞く耳を持ちませんでしたね。あなたにとっては、個人情報保護法もイラク派兵もどうでもいいのでしょう。

つまり、小泉の純ちゃんに認められたのが嬉しくて仕方がないのだなと私は思いました。それで、「哀しいことに猪瀬は自分がピエロであることを自覚していない。したたかな小泉に見事に利用されているだけなのに、オッチョコチョイの猪瀬は自分がピエロでないと思っているのである」と書いたのです。

小泉の後は石原のピエロになったわけですね。

尖閣諸島を買うと都知事として石原が発言した時、あなたは「購入のために国民に寄付を募る」とフォローしましたが、〝官僚〟の面目躍如です。では、二〇一二年の一月六日の定例会見での石原の次のような発言には、どうコメントしますか？新党を結成して国政に転ずるのではと噂された時の会見です。

「私だって東京都のために都知事になったんじゃない。国を思ってなったんだから、いつも国というものが念頭にある。国のために、東京都知事より大事な仕事があればそちらをします。場合によっては人を殺すかもしれない。それくらいの覚悟でやっているんだ。体を張って」

威勢のいいことを言う割には、たとえば日中平和友好条約に衆議院外務委員会で賛成し、本会議では棄権した卑怯な経歴をもつことについては、すでに指摘しましたが、石原のそうした〝前科〟をあなたは知っているのですか。そもそも、そんな石原に中国を〝シナ〟と蔑称する資格などありません。

あなたは石原や小泉という変人の〝後始末屋〟です。喜んでそれをやるというのも、あるいは一種の才能でしょう。しかし、それはしょせん小才というものです。最も小才がきく官僚を批判するあなたが彼らに酷似しているのは最大の皮肉ですね。

道路公団の「会社化」とトンネル崩落事故の「関係」を説明する義務がある

前略　猪瀬直樹殿

緊急出版した拙著『自分を売る男、猪瀬直樹』に新たに付け加えなければならないトンネル事故が起こりました。私は前掲書の「はじめに」に「道路公団の民営化ならぬ会社化に血道をあげるようになってから」、あなたの名前が少なからぬ人の口の端にのぼるようになった、と書きました。会社化で安全よりも利益を第一にしなければならなくなったと示唆したのですが、あなたは二〇〇二年に道路関係四公団民営化推進委員会の委員となって、「道路本体事業にかかる維持補修等の管理コストは徹底した合理化を行い削減すること」を求めましたね。

日本弁護士連合会前事務総長の海渡雄一弁護士が、あなたが同年一一月三〇日に開催された委員会でそう主張したと議事録に基づいて指摘しています。そして、道路事業における維持管理が人間の命に関わる重要な業務なのに、あなたが十分な検討もせず、維持管理コストを三〇％以上削減せよと指示したことを捉えて、その根拠は何なのかと問うているのです。

あなたの意見を反映した委員会のまとめには「自動車事業にかかる維持補修、料金収受、交通管理、保全点検などに要する管理費は徹底した合理化を行い最小限にとどめることが求められる」とありますが、まさに「保全点検などに要する管理費」を徹底的に削ったことが今回の事故を招いたことは明白でしょう。

事実、二〇一二年一二月五日付『読売新聞』夕刊では、国土交通省の調査検討委員会が笹子トンネルで中日本高速道路が実施した過去三回の「詳細点検」の手法を調査して「二〇〇〇年には、トンネル上部のボルトや付近のコンクリートの劣化を、打音検査で点検していたが、二〇〇五年と二〇一二年九月の点検では、行っていないことがわかった」と報じています。

メディアを巻き込んで鳴り物入りで強引に進めた「民営化」ならぬ会社化が今度の事故を発生させたことにあなたは責任を感じませんか。

山梨県警は業務上過失致死傷容疑で中日本高速道路への操作を始めたわけですが、私はあなたや小泉純一郎元首相にも大きな責任があると思います。

大体、あなたの委員長就任は「改革」とやらをやりたくてではなく自分を売り込むための手段でした。

ジャーナリストの櫻井よしこさんはその著『権力の道化』（ＰＨＰ研究所）で、あなたの著作を分析すれば、あなたの立場は「国交省道路局や族議員の側にこそ、近似していることが見えてくる」はずなのに、メディアはそれを見抜けず、あなたを改革者のイメージで捉えたと指摘し、そのイメージに自民党の族議員が反発して、さらにイメージは強調され、〝猪瀬氏は道路改革の旗手〟という虚像が生まれた、と推断しています。そして、改革案ならぬ改悪案は「スローガンの政治家、小泉首相と、改革者を装い裏で偽りの改革を推進した〝ユダ〟としての猪瀬氏らの合作だったにすぎない」と決めつけているのです。

詳細は、あなたを揶揄《やゆ》した『権力の道化』に譲りますが、あなたは、同じ委員の川本裕子さんから、

「妥協作家！」

と罵倒されてもいますね。

この時の国土交通大臣が無能ぶりをさらけだした石原伸晃氏でした。言わずと知れた〝暴走老人〟石原慎太郎氏の長男です。あなたは彼を助けた功績で父親に東京都の副知事に指名されたわけですね。悲惨にもピエロが権力を得てしまったのです。

猪瀬直樹の醜悪なお涙頂戴物語

徳洲会から選挙直前に裏金として五〇〇〇万円の資金援助を受けながら、逮捕もされずに都知事を辞めた猪瀬直樹が『さようならと言ってなかった』（マガジンハウス）などという亡き妻へのお涙頂戴物語を書き、『週刊文春』の二〇一四年一一月六日号では、優しすぎる田原総一朗と甘ったるい対談をやっている。

林真理子は「この作家の夫婦愛に泣き、不運さに憤る」と本のオビに書いているが、私はすぐに次の逸話を思い出した。「最後の海軍大将」と呼ばれた井上成美《いのうえしげよし》のそれである。井上は敗戦一年前の一九四四年夏の時点で、海軍兵学校長として「敵性語」とされた英語教育をやめさせなかった稀有な軍人だった。

井上は、無謀な戦争を始めることに最後まで反対し、同じ海軍の米内光政や山本五十六とともに、右翼から、

「国賊！　腰抜け！　イヌ！」

などと罵られ、暗殺さえ噂された。

井上は、かつて、海軍軍務局第一課長になれ、と言われて、妻の病気が重いことを理由に、それを断ったことがあった。海軍大臣をも約束されるポストを辞退する井上に、しかし、海軍省は強引にこの辞令を出し、やむなく着任した日に、井上は課長席の電話で妻の死を知らされる。

開戦に反対した身でありながら、戦後は自らを罰するように隠棲した。もちろん、自分についてだけでなく、妻についても書き遺したりしていない。そんな井上だから、銅像や顕彰碑の話には一切耳を貸さなかった。

その井上が、一九六八年に海上自衛隊の練習艦が遠洋航海で南米に向けて出発する時、壮行会に招かれた元海軍大将の嶋田繁太郎《しまだしげたろう》が乾杯の音頭を取ったと聞いて、

「恥知らずにもほどがある。公の席に出せる顔か」

と激怒したという。

のこのことこんな本を出し、田原との対談で弁明にもならぬ弁明をしている猪瀬に、私はそのままこの言葉をぶつけたい。

猪瀬は都知事選の支援体制が固まる前に徳洲会理事長の徳田虎雄の息子の徳田毅《とくだたけし》と会い、資金援助を頼んだという。

その後、連合（東京）が支援を表明し、自民党本部や公明党中央幹事会が支援を決定してくれたので、徳田からの五〇〇〇万円は必要なくなったようなことを言っている。

猪瀬は当選後、

「連合さん、ありがとう」

と感謝しているが、皮肉を言えば、連合は猪瀬にとって徳洲会の代わりのサイフとなったということだろう。つまり、徳洲会と同じ位置づけなのである。

〝自分を売る男〟あるいは〝自分を売ることしか頭にない男〟である猪瀬の「オレが、オレが」という腐臭は、この本の全篇から立ちのぼってくるが、そんな猪瀬を支援してしまった連合の幹部たちがそれを反省したという話は聞いたことがない。猪瀬は猪瀬に投票した四三〇万余の都民の「期待と信頼」を裏切ってしまったことを申し訳ないなどと言っているが、猪瀬如きの軽薄さを見抜けなかった四三〇万余の都民は自分の愚かさを徹底的に反省した方がいい。また、連合東京の組合員も、堕落した幹部に従って猪瀬への支援を許してしまった自分たちの無責任さ、いい加減さを猛省すべきである。

結局は「妻が」と言って、亡くなった妻に徳洲会からのカネを預けたと責任を転嫁している猪瀬に、どうして「夫婦愛」があるのか、私にはわからない。たとえ、そうであっても妻の名を出さず、一切は自分の責任で通すのが、「夫婦愛」ではないか。この本からは猪瀬の醜悪な卑劣さのみが浮き上がってくる。

第三章

石原慎太郎の非人間性研究

海渡雄一（弁護士）
辛 淑玉（人材育成コンサルタント）
宮崎 学（作家）
佐高 信（評論家）

家父長制、排外主義、領土拡大主義

――（『創』編集部）このところ石原都知事の人気が高まっていると言われます。『文藝春秋』（二〇〇〇年八月号）の読者投票では圧倒的な数で石原都知事が総理にしたい男ナンバー1に選ばれたし、九月一七日の『毎日新聞』の世論調査でも、総理にしたい政治家として、田中眞紀子と石原都知事が挙げられています。雑誌もこのところ相次いで石原都知事の特集を組んでいるし、彼が注目を浴びている政治家であることは間違いない。

その一方で、三国人発言に象徴される危険な面もあらわになっているわけですね。九月三日に「ビッグレスキュー東京2000」という総合防災訓練を行って銀座に装甲車を走らせた。きょう集まっていただいた方々は、自ら呼び掛け人になって、それに対する反対運動を行ったわけですが、それについての総括から話を始めましょうか。

辛　九・三で象徴的だと思ったのは、石原都知事がこう言ったことなんですね。「左翼のバカどもが反対を唱えて都民から冷笑を買っていた」と言った後で、「でも同胞だから守りますよ」と。この言葉の中に、彼の思想性が見えてくると思うんです。「同胞は守ります」ということは、つまり私はやっぱり守ってもらえないのねと（笑）。

この発言の前提には、四・九の「三国人」発言があるわけです。あれは外国人は殺してもいいといったようなものなんですね。

私たちがいろいろな運動をやっていく中で石原都知事の本質はどんどん暴かれているんですが、彼の中に三つのポイントがあるんですね。一つは家父長制、次に排外主義。さらにこれは私が感じていることですが、第三に領土拡張主義です。本当に領土を拡大するかどうかは別にしても、少なくとも彼の中ではこの三点がちらついている。

ただ、「石原問題」は都知事自身の思想性の問題だけではなくて、彼を支持する市民の問題でもあるのです。市民の間で石原人気が高まっているとすると、それは草の根ファシズムが始まっていることを意味する。その問題にどう対処していくのかが課題だと思います。

私たちは多文化探検実行委員会というのを作って九月二日に「多文化共生防災実験」と名付け、いろいろな言語による情報の伝達訓練、文化の違いを考慮した炊き出し、消火訓練などを行ったのですが、これは新しい共生のためのモデルづくりをする学習の場でした。そして九月三日には「多民族共生社会の防災を考える九・三集会」というのを開いたのですが、これは石原的なものはイヤだよと社会に対して意思表示する場でした。

そういう一つの形として意思を伝えることができたという意味では、ハードルを一つ越せたかなと思います。ただこれで終わったわけではなく単なる第一ラウンドにすぎない。次に第二ラウンドをやらなくちゃいけないわけです。

宮崎　九・三の前に九・二の辛さんたちが展開した運動があって、その前に九・一もある。八月に辛淑玉を中心とする「多文化共生探検隊」の新宿での活動があって、その最終的なものとして九・三の集会があったんです。全体の延べ人数にすればとんでもないたくさんの人が参加してくれた。九・三の総合防災訓練にしても、各現場に行って、監視活動をやっている人もすごくいたんです。

その意味では、石原慎太郎の危うさに対する認識は深まったと見ていいのではないか。それに対して直接的に声を上げる行動も多様な形であったと思います。

九・三をめぐって面白かったことが二つありました。一つは九月二日の『朝日新聞』の夕刊が、防衛庁そのものに両論がある、異論が多いと報道していたことです。石原のパフォーマンスに官僚自身が危うさを感じているという論調でした。僕自身、ある防衛庁クラブの人と話したのですが、「あれは志方俊之《しかたとしゆき》（当時東京都参与、帝京大教授）がやってますからねえ」と言うんですわ。志方がやっているプロジェクトなんて防衛庁の中では陳腐だと。自衛隊の志方に対する反感は、フツーの人間が慎太郎に感じる違和感と同じものなんです。「ちょっとおかしい。ちょっとかけ離れた人ですよ」という感じ。だから『朝日』があの報道をしたというのは、慎太郎や志方側がやろうとした今回の行動が自衛隊の内部でも違和感を持たれていたということなんですね。

それから僕らのグループが九・三の防災訓練の各現場にデジカメを持って駆け付

けるという行動をしたのですが、そこでは参加している自衛隊員との対話もあった。「どうなんですか」と聞くと、「いやぁ、これは単なるデモンストレーションです」という声がすごく多かったんです。外から見ていると、自衛隊は強固で、治安出動のために徹底的に思想性まで高められた団体と考えがちだが、そうでもなかったという側面がありました。

世論からすれば、九・三の石原の行動は突出したものと映ったんじゃないかな。マスコミ報道も、外国の報道も含め批判的でしたよ。だから僕らが九・三に行った行動は、そういう世論の呼び水になれたのでは、と思っています。

憎しみを組織化して政治目的を遂げる

佐高　私はたまたま当の石原慎太郎と『週刊金曜日』(二〇〇〇年七月七日号)で対談して、弱腰だと左右両翼の挟撃を受けてまして(笑)、何を言っても弁明と思われるんで、きょうの座談会もあまり気乗りがしなかったのですが(笑)、今の宮崎さんの発言について言えば、僕は石原と三島由紀夫の違いを感じますね。
三〇年前、三島が自衛隊に乱入して自決したときの自衛隊員の違和感に比べると、今回自衛隊員が感じた違和感はずいぶん薄くなっているんじゃないか。石原は二番煎《せん》じではあるんですが、三島と比べると、地ならしをさせた後に入っていったという怖さを感じます。

先頃、防衛庁の高官と話す機会があったのですが、私が「小林よしのりや西尾幹二らが醸し出しているナショナリズムの風潮が防衛庁をも包んでいく可能性があるんじゃないか」と言ったら、彼は小林も西尾もほとんど知らないんです。「改めて読んでみます」と（笑）。いま官僚は官僚なりの憂い方をしているんですが、小林や西尾らのナショナリズムとはちょっと違うのかもしれない。

石原慎太郎という男の背景には男根主義があると思います。男女平等に追い詰められた剥《む》き出しの男根主義。その風潮にマッチする形で石原は出てきているのかなと思います。石原と三島の違いと共通点を改めて考えてみたいと思いますね。

辛　彼の著した『「父」なくして国立たず』（光文社）とか、東京都の『心の東京革命』などを読むと、完全に親父《おやじ》復権主義ですね。話にならない。

海渡　石原は憎しみ、嫌悪感の対象を作って政治をやる人だと思うんです。銀行を追及して税金を取るとか、官僚を減らしてみせるとか、ディーゼル車の排ガスについてとか、誰も異論のないような攻撃対象を作ってみせるわけですね。本当は彼が一番嫌悪しているのは外国人と女性なのかもしれないんですが、そういう憎しみを組織化して政治目的を遂げるというのが今の石原のスタイルですね。

それに比べたら辛さんたちの四・九発言のときからの政治行動は、憎しみに対して「愛」を、外国人を含めて助け合おうというメッセージが基本でした。九月三日の行動には外国人も多数見られたし、とても良かったと思います。

それから九・三の準備をする間に起こった重要なことは三宅島の噴火でした。我々が八月三一日に東京都にあの防災訓練中止の申し入れに行ったら、同じ本部内で三宅島の問題をそっちのけにして、みんなが防災訓練の準備をしている。あれを見ておかしいと思いました。

三宅島が大変なことになっていて一刻も早く全島避難をした方がいいという情況

であることを直後に聞き、この集会の実行委員会の名前で三宅島の全島避難を優先してビッグレスキューを中止しろという申し入れをしました。そしたら我々が記者会見をした翌九月一日に全島避難の決定をした。

石原の政治行動の重要な点は事前にしっかり準備しておいて、全体像を出すのはできるだけ遅らせて一気にやってしまう。靖国神社の公式参拝もそれでやられたわけです。それに対し、市民運動を立ち上げるにはどうしても時間がかかります。時間が全然足りなくて話し合いも十分できなかったために、本来ならばもっとたくさんの人に参加してもらえたはずです。この問題で危機感を持っている人みんなが集まれるようにしていくべきだなと思いましたね。

服従する女は好き、服従しない女は嫌い

――先程、辛さんから「支持する市民の問題もある」という指摘がありましたが、石原都知事の人気が高いということをどう考えるべきか。直接対談された佐高さん

の印象はどうでしたか。

佐高　言えば言うほど弁解と取られかねないんだけど（笑）、石原という人は、表面的な猛々しさと実際に会った時の印象にずいぶん落差があるんですよ。恐らく彼はこれまで論争をしてこなかった人ではないかなと思いました。彼が書いたものを取り上げながら、「私なども亡国の徒と石原さんからは映るんでしょうね」というと、「いえ、違います。そんなことはありませんよ」と言うんです。それは戦術として言っているというより、直接会った場合に猛々しい応対はしたくないように見えた。それが戦略だったのかもしれないけれど（笑）。

さっきの女が嫌いという点について言えば、彼は自分に服従する女は好きなんだけど、服従しない女は嫌いなんです。つまり服従しない相手は嫌う。その点でも面と向かっての対決になれていない人なんじゃないかな。

――『週刊金曜日』の取材を受けたこと自体が意外でしたよね。単によく知らなかっただけかもしれないけど。

佐高　筑紫哲也がいる、本多勝一がいるくらいは知ってたんでしょう。本多さんは大嫌いだから、私の前でも本多さんのことは悪く言うし、久野収さんのことも悪く言う。しかし、私が面と向かったら対決にならない。これが非難の元なんだけど（笑）。最後には「俺も『金曜日』の同人に加えてくれよ」とまで言ってましたからね。

このことを城山三郎に話したら「すれているようですれてないだろう」と言ったんです。あぁ、そうなんだと思った。さっきの守ってやる、守ってやらない発言でも西村眞悟は「おまえなんか守ってやらんぞ」と辻元清美に言うわけでしょ。西村の方がわかりやすいんですよ。石原は余裕を見せる振りをして、それでも守ってやると口だけで言うわけ。その違いが怖いなと思いますね。

海渡　だから手強いんですよね。

佐高　田中康夫が西部邁《にしべすすむ》と対談したときにすごく遅れていったというでしょ。西部がカンカンになってるのに、田中康夫がニヤニヤと笑って「あぁ、やっぱり怒ってる」って言ったという（笑）。そのぐらいの手が使えなければ石原とやれないのかなと思う。俺なんか一時間遅れるなんてできないもんね。

無知から出た差別発言

――石原さんの差別発言は彼のこれまでの遍歴を見ると明らかに思想的バックボーンがあるんですが、でも三国人発言についての弁明の仕方を見ていると、自分自身は差別をしている自覚がないように見えますね。

辛　あれはただの無知だからですよ。何もわかってなくてしゃべっているんです。三国干渉も一緒にして、三国人発言をしている。近代史を勉強していないどころではなくて、本質的に何も知らなくてしゃべっているんです。

海渡　彼があいう発言をしたために、東京に住む外国人の方たちは現実にとても息苦しい思いをしています。ちゃんとビザを持っていてコンピューター関係の企業に勤めている取締役をやっているようなビジネスマンが、非常に危険を感じるから、何かあったときにすぐ来てくれる弁護士が欲しいと、僕のところに来て言うんです。つまり、背広を着た差別的な日本人に取り囲まれたときのために弁護士が欲しいと。

在留資格を持っている人もそのように感じているとしたら、在留資格もないような不法滞在になっている人は生きた心地もしないだろうなと。

辛　在留資格があるないではなくて、在留資格などという誰が見てもわからないものに対して不安を煽っているところは、確実にファシストです。

佐高　海渡さんのを逆に言うと、アジアで日本人の背広が追い詰められるわけです。かつて渡辺美智雄が「あっけらかんのかー」で黒人差別発言をしたら、アメリカで日本が糾弾されたんです。その辺は石原は何もわかっていない。

辛　でもそれはアメリカの中だから糾弾されたのであって、アジアでは経済の力関係から、日本を糾弾するのは不可能に近いんですよ。石原都知事がベトナムの農婦を買春したときの記述などを見ると、「その娘は××の料理よりうまかった」とか書いてある。こんな話を公にしても、ベトナムがそれで日本のビジネスマンを糾弾する環境があるのか。日本の商社に仕切られているからできないんです。

石原都知事はアメリカも嫌っていますが、自分がアメリカになりたいんだけどなれないから嫌いなだけなんです。そして、弱いところや反論できないところは徹底的に叩く。イジメの構造なんです。

無能な指導者の後にファシズムが

宮崎　石原が言っていることの中身を、もう少し検討してみる必要があると思うんです。外形標準課税もディーゼル車の排ガス問題にしても、これらの論争は五年も前から官僚の間ではあった。だから石原の独自の意見ではなく、官僚の中からウケそうなものだけをピックアップして、それをパフォーマンス型にして出すというのが、彼の政治手法です。それは同時に、古い共同体を壊そうとしている自分をアピールする政治手法でもあるんです。外形標準課税では今までの銀行の在り方とか、護送船団方式が今の金融危機を招いたんだというように、古いものを一旦壊そうと訴えかける政治なんです。そこが大衆ウケするんですけど、しかしよく見ると、本当は前から提起されている官僚の政策論の範疇《はんちゅう》を超えていないものなんです。

ところが慎太郎を支持する層は、現代が閉塞した状態なので何か壊してくれるんじゃないかという期待感が非常に強い。じゃ、彼に期待しているのはどんな人達なんだろうと考えると、石原の保守的過激さに比べて、支持しているのは非常に弱い人達だと思います。

　辛や私のＨＰにいろいろクレームをつけてくる人たちがいて、そんな一人を先頃追跡してみたら、二〇歳代後半のフリーターで引きこもりがちな青年だった。そういう連中は、自らの置かれている状況が非常に閉塞的なので、それを打ち破ってくれる可能性を慎太郎に賭けているんです。憲法反対とか日の丸・君が代賛成という政治的思想があって石原を支持しているわけじゃない、そこが問題だと思うんです。

　と同時に、慎太郎は古い共同体的なものを壊そうと言いつつ、道徳的な面においてはすべて古い共同体への回帰を狙っている。ここも一つの特徴で、僕たちはそこをもう一度捉え直していく必要があるなと思います。

海渡　僕も宮崎さんの意見に賛成です。今の日本社会で一番危険だと思うのは、首相（森喜朗）が誰からも支持されない変な人になってしまったことです。

宮崎　俺は支持するよ。ああいう人間がいるおかげで、わかりやすい（笑）。

海渡　でも無能な指導者の後にファシズムが出てくるというのは、世界の一つの公理です。結局、森と石原というのは復古的という思想的には同じだけれど、一般市民からの見え方が全く違う。

石原を支持しているのは日本が経済的にも以前のような勢いがなくなって、自信を失い、世界から取り残されているのではないだろうかと感じている層なんです。たとえば、台湾との関係を見たとき、台湾は経済的にも伸びている。日本はそれに比べたら取り残されている。そうすると台湾人のビジネスマンに対して、居丈高に言いたくなるようなビジネスマンの心に囁きかけているんです。

悪魔の囁きではないけれども、石原はそういうファシズム的な心情を煽っている。そのことで日本の社会全体を非常に変な方向に引きずっていこうとしていて、しかもそれに気づいている人が絶対的に少ないと僕は思います。

辛　この間乗ったタクシーのおじさんが「全く自民党はどうしようもねぇ！」と言ったんです。でもその後で「これからは石原だ！」と言う(笑)。何考えているんだ！と思うけど、これが今の「日本人」の感覚だと思いますよ。

森ではダメだが、石原ならＯＫ？

宮崎　森首相が一八歳に一年間ボランティア活動をと言ってますが、これは慎太郎の復古的な道徳主義によく似ている。これ自体は検討に値しない話だが、慎太郎がこの問題を提起したらどうだろうかと考える。日本国民は森が提起したものはダメだが、慎太郎が提起したものはＯＫだと容認する可能性があるでしょう。

戦前ファシズムが形成される過程では軍部における問題で統制派と皇道派に分かれていて、皇道派の過激な奴が起こした二・二六、五・一五などの事件を統制派が叩く。叩く形で出てくる統制派は皇道派より緻密《ちみつ》にファシズムを形成していく。ファシズムを形成する勢力の中でマッチポンプをやりながら進めていったんです。

慎太郎を批判する防衛庁の連中は、実は慎太郎的な者を飛び出させておいて、それを批判する形で社会的な支持を得て、しかし全体としては慎太郎が求めていた方向に向かっていくという可能性もあると思う。これらの問題点は慎太郎を支持する

層が動かずあるということが大前提なんです。ここを潰さない限り、何を言っても
ダメだと思うんです。

佐高　多数派の彼らは多数派ながら多数派だと思っていない。多数派でありなが
ら被害者意識がすごく強い。

九・一二でデモしていた時、ある少年が寄ってきて捨て台詞《ぜりふ》のように「ばかやろう」
と言って自転車で逃げたことがあったでしょう。デモをしている我々のほうが全体
から見れば、絶対的に少数派なんだから、本当はあそこで自転車で逃げる必要はな
いんです。

石原が今回応援に行ったのが、西村眞悟であり、徳田虎雄です。二人とも被害者
意識が非常に強いが、何かを壊そうとしているように見える。石原と西村や徳田と
の関係はもっと考えてみる必要がありますね。

たとえば江藤淳という人はまともに石原を認めていなかった。石原も江藤があん
まり好きではない。ところが福田和也は自分を持ち上げてくれるから好きなんです。
西村も福田もまともではない人です。その人たちが石原にくっついているところを

一般的なまともな人にどうわからせるか。

辛　目の前の人にちゃんと向き合わないということは、目の前にある事実と向き合う力が徹底的に弱い人なんですよ。目の前にあっても見えない、そしていつも被害者意識。だから外国人に対する恐怖心が日本の中で一番あるんだろうなと思います。一度として向き合ったことがない。生活も見たことがない。外国籍住民が何をしているのかという認識もない。それでいて自分がやられていると思い込んでいる。そしてそこを守るのが男の責任だと思う。

たとえば彼は三宅島でガセネタを掴まされて、役人が住人そっちのけで知事歓迎の準備をしていたと思い込み、「この木っ端《こっぱ》役人が！」と怒鳴りましたよね。本来リーダーは危機的な状況では落ち着いて情報を冷静に分析し対応すべきでしょう。それが全く違う。そんな人が災害が起きた時に何をするかと考えると怖いですよね。

メディアによって作られた偶像

宮崎　慎太郎がキレる時を考えると、共同通信に対してもそうだったし今回の木っ端役人発言もそうですが、メディアとの関係なんですよ。つまり彼のやっている政治手法というのはパフォーマンス型政治なんで、メディアが自分の意志の通り動いてくれないと支持基盤すら得られない。だから彼は、メディアを自分の思う通り動かす方法として共同通信を叩いてみたり脅かしたりするわけでしょ。メディアを屈伏させた形で自分の思う通りに使うこと以外にないとみているんじゃないか。

石原の手法を見ていると、これは近々憲法論争にまで行くんじゃないかという危機感をもっています。在日外国人の地方参政権の問題が出てきているし、旧態依然たる古い国家という概念が溶解しつつあるじゃないですか。そこのところに共同体への回帰みたいな理屈が一方で出てくると、多分これは憲法論争に行かざるを得ない。その時に僕らは一体何でもって対抗するのか。

もう一つは民主党が影の内閣、シャドー・キャビネットいうのをやってるんだけど、東京都政に対するシャドー・キャビネット的なものをやはり対置させておく必要もあるんじゃないかと思うんですよ。「慎太郎はノーだ」と言うだけではやっぱり弱い。先々の都知事選まで見越したタマを揃えておく必要はあるんじゃないかな。誰がなるかは別にして。

海渡　僕もメディアの責任はすごく重要だと思います。彼のやっていることを本当に冷静に分析して、これが国際的な政治のスタンダードから見た時にはファシズム政治なんだと。ＥＵに加盟していれば国交が断絶されるような、オーストリアで起こったような、それと同類の政治を彼はやっているわけです。そのことをはっきりと紙面に書けない。彼が人気があるから書けないんだとしたら、それは完全にファシズムに屈していることになる。若い記者は彼に怒鳴られるとすくんじゃって書けないとかという話も聞くんですけど、メディアがそこまでいっているとすると、本当に危機的状態だと思う。

辛　それを支えているのは日本社会のいじめの構造ですよ。たとえばオウムは弱いから叩けるんです。隣にヤクザが来たら住民もあんなことはできないですよ。弱いからいじめる。子供社会の中にあったり日常の中にある卑怯《ひきょう》というものがメディアの中に出てきているんですよ。

宮崎　江藤淳とか、三島由紀夫の『文化防衛論』なんか見たら明らかに理念はあるんですよ。その理念はいかんものだと思うけどね。慎太郎は理念がないから逆にその都度のメディアの動向に神経を尖《とが》らせているんだと思うんです。

佐高　自分が若くしてメディアによって作られた偶像だから、メディアというものの怖さを知っているわけですね。

宮崎　『朝日新聞』（九月二日付夕刊）の報道が、都防災訓練に対して批判的な論調を出し、それはそれで評価できるんですが、でもこれは防衛庁クラブの発信でしょ。都庁クラブじゃ批判はできない。

佐高　美濃部亮吉という人もメディアに支えられたところはあったわけですが、七五年の都知事選で美濃部に負けたトラウマが石原には残っているんだね。

辛　石原都知事はものすごく気が弱い男。私とサシで勝負しようと言ったら絶対来ないと思いますよ。女が嫌いだし。

佐高　俺だから来たということ？（笑）

石原都知事も一発女に殴られるといい

辛　あと彼はドメスティック・バイオレンス（ＤＶ）の典型的な男じゃないですか。ＤＶについて言えば、沽券《こけん》、面子《めんつ》に関わった時に、男はかみさんを理由もなく殴ったりする。たとえばお茶の出し方が悪い、でやるわけですよ。作られた男の沽券に関わって生きている。面子がつぶされることは許されない。石原都知事も一発女に殴られるといいんです。パンパン！　って。

佐高　『週刊金曜日』でも佐高が行かなくて辛さんが行くべきだったという投書があったよね（笑）。

――でも石原が受けるかどうか。

宮崎　受けないよ。

辛　テレビの企画で私と石原さんで対談をという話があったのだけれども、どうやら向こうが下りると言ってきたらしいですから。私はタダでもいくのに！

佐高　何か俺また傷ついたなあ（笑）。

辛　彼は男はわかるんですよ。男は同胞で、戦争ごっこをできる仲間だと思っていますよ。女も外国人も障害者も全部嫌いなんですよ。

佐高　わからないんだ。

辛　わからないし、向き合いたいとも思わない。石原さんは男は好きですよ。女は性欲のはけ口。

佐高　わかりやすいな（笑）。

辛　それが悪いふうに出たのが石原都知事で、いいふうに出て楽しくやってるのが椎名誠だろうな（笑）。

佐高　何で椎名誠が出てくるの（笑）。

辛　椎名誠は男同士で遊んで自然ごっこをしているでしょ。女の子たちは僕たちの世界に入ってこないで！　みたいな、少年ぽい感覚があるじゃないですか。それと似た感覚が軍事に出たのが石原都知事ですよ。

佐高　いいねぇ。宮崎学は？

辛　宮崎学は限りなく女の強さをわかってますよ。

宮崎　日本で一番わかっています（笑）。

――何か話がどんどんそれているような（笑）。石原の差別的発言の中で、身障者に対する「ああいう人ってのは人格あるのかね？」というのがありますね。たぶん彼は文学的な表現として言ったつもりだと思うけど、あの発言はどうですか。

辛　あの人は作家と言いながら日本語の使い方も知らない。彼の文章の特徴は何を言いたいのかわからないこと。「人格あるのか」という言葉、それから発言全体の文脈で言うと「こういうことをやってるのは日本だけでしょうな」「おそらく西洋人なんかね、切り捨てちゃうんじゃないかと思うけどね」と。明らかに福祉が発達している北欧を含めて何も知らない。仮想敵国を勝手に作っちゃってる状況ですよね。それから「人格あるのか」という言葉が出てくるベースですよ。すべての者に命がある、すべての者にはそれぞれの人格があるという感覚が彼にはないことが見事に出てきた。私はあれは許されないことだと思いますよ。

「三国人」の中身は第一に中国人

宮崎　四月九日の「三国人」発言の際の彼の意識を考えるんですけど、どうなんだろう、僕らは「三国人」という発言に反応したわけですけど、彼の意識のなかの「三国人」の中身というのは多分第一に中国人があったんだろうと。

辛　そう！

宮崎　中国共産党が支配する共産主義国家という意識があったと思うんですね。しかも中国の周辺地域における民族独立闘争を煽り立ててというような意識があって、そういう点ではまず最初は中国に対する敵対意識だったんだろうと思うんです。その根底にあるのは、古い冷戦構造時代の資本主義国、社会主義国という対立に刷り込まれた意識。だから社会主義国が崩壊して次の段階に進んできたということに対する理解が全然できない人なんだよね。たぶん南北統一会談が始まった朝鮮半島の状況というのは彼にはわからないと思うんですよ。つまり極めて古い五五年体質を持ちながら、表向きは官僚の考えた括弧付きの斬新な提案をするということですよね。ものすごい自己矛盾を内部に抱えている。

海渡　彼がもっているオーラじゃないけど、大衆が騙《だま》されてしまう背景というのは、湘南のイメージとか、石原裕次郎のお兄ちゃんでしょ？　とかね。そういうイメージによって真実が見えなくさせられているんだけども、結局のところは非常に古い復古的な観念に立っていて、しかも政治手法は外国人、身障者、自分がよく理解できない者に対して憎悪を向け、排外主義的に対応していくという、単純なファシズム政治家なんですよね。その単純なファシズム政治家だということをはっきり目にみえるような形にする作業をするしかないんで、それはまさしくメディアの仕事のはずなんだけどね。

佐高　伝統とかいうものもけっこう変わるというよね。戦争中に天皇信仰を押しつけるわけでしょ。弱いから押しつけなきゃなんないと林達夫かなんかが批判する。つまり伝統というのは天皇信仰でも何でも強ければ押しつける必要はない。弱いから押しつけるわけでしょ。『週刊金曜日』の対談でわかったんだけど、戦争中は（タカ派の人々が）単一民族じゃなくて、五族協和のための混合民族説を唱えていたというのを石原は全然知らなかったわけだよね。そこで俺はたたらを踏んじゃって後の失敗につながったんだけど（笑）、ああいうときに普通ずるい奴は「知らない」って言わないと思うんだ。石原は「知らない」って言うんだ、自分で。私もそういう彼の性格分析までして対談に臨むべきだった（笑）。

辛　彼は知らなくてもいいものだって思っているんですよ。歴史のつまみ食いがとっても上手だから。それから古い国家観の中で根ざしたものを国内に向けて発動してるんですよ。たとえば中国に対する思いから国内にいる中国人を叩くし、北朝鮮に対する思いから日本にいる在日を叩くというやり方をやっているわけね。新井将敬を叩いたのも同じやり方です。

佐高　思ったのは、石原には友達がいないだろうなと。だって西村眞悟にしても徳田虎雄にしても友達がいない人ですよね。何か信頼してしゃべるとかないんだろう。自分だけが孤立している。

海渡　志方さんはお友達じゃないの？

佐高　志方も西村・徳田型の人でしょ。

宮崎　防衛庁の中ではそうですよね。

佐高　男が好きと言っても男の中で孤立している。向こうが自分を片思いするだろうっていうタイプでしょ。

海渡　自分しかいない。僕はその人が日本の首相を目指していると思うんですよ。彼は明らかにそれを目指している。

辛　目指しているし、首相になったら憲法改悪ですよ。

海渡　憲法改悪どころじゃなくて戦争をやるつもりじゃないの。

宮崎　小さな戦争ね。一番手っ取り早い。

佐高　西村眞悟防衛庁長官で。

辛　いま自民党に対する不満とか反発とかが渦巻いていて、実際、自民党って賞味期限が切れた政党じゃないですか。でも賞味期限が切れているからといって０−157がついた食材をそのまま飲み込んでいるって感じがするんですね。

民主党と石原の関係

宮崎　僕はいま危機感を持っているのは、今回の東京21区の補欠選挙（二〇〇〇年一〇月二二日。無所属の川田悦子が当選）の民主党候補で長島昭久がいるじゃないですか。あれが石原伸晃の秘書でしょ。民主党との関係、慎太郎との関係はどうなっているのかな。ある程度民主党を丸呑みしちゃうんじゃないのかなと。

辛　民主党の上に石原都知事が立つということですか。

佐高　いや民主党がすり寄っていく。

海渡　石原がよく「三軍」という言葉を使いますね。この間、それと符節を合わせるように、鳩山由紀夫が自衛隊を軍隊として認めるなんて言い出したでしょ。もともとそんな遠かった人たちじゃないわけだから、裏でつながることはあり得ると思うけれど。

辛　八王子のほうでは、菅直人が街宣で来た時に石原都知事を支持する発言をしていたそうです。

宮崎　俺が言うのは仲晃の秘書を出すという政治感覚なんだよね。

海渡　今回の九・三に関しても、都議会の中にあれだけ民主党議員がいるのに、面と向かって批判をした人はいない。都議会の中を見ても石原に対して足がすくんじゃってるということですよ。

——民主党以外はどうだったんですか。

海渡　全部賛成。

宮崎　共産党と福士敬子さん(「自治市民」という党派。杉並選出)だけは反対ですよ。社民党は一人しかいないけど、とんでもない奴で賛成でしょ。

辛　民主党の土屋敬之というのは積極的に支持していたりするから。

宮崎　民主党は前回の衆議院選挙で一種のブームを作ったけど、ブームの作り方が石原が支持を受けるのと同じ構図じゃないですか。何か壊してくれる人たちなんじゃない、みたいなね。そのへんで日本というのはどうしようもない国になっちゃったという気がするよね。

海渡　たとえば地震が起きた時に国籍の壁とか関係なく、一番弱い人のためにみんなで助け合うんだと。困っている人のところにかけつけようと。そういうメッセージが送れるような政治家が市民から支持されるようになればいいなと思う。

佐高　在日外国人の地方参政権というのはその意味では大事な問題だよね。

辛　でも現場で選挙運動をやっている在日はいっぱいいるけど、どこでやっているかと言えば、大半は自民党ですよ。ゼネコン関係にどれだけ朝鮮人が多いか。

宮崎　地方参政権の問題は確かに不十分なんだけど、慎太郎がどういう態度をとるのか見ておきたいなと思う。地方参政権だから次の都知事選で関係するわけだね。保守的な層は日本の国のことは俺たち以外で決めたらまずいとか、そういう理屈でしょ。僕は地方参政権の問題に対して慎太郎がどういう態度をとるのかというのが、三国人発言との整合性をどう出してくるのかということで非常に興味があるんですよ。

辛　野中広務じゃないが、在日の強制連行された連中だけはいい、とかなってくるんじゃないか。

海渡　自民党はそう言ってますね。

宮崎　でも誰が強制連行された人かわからないじゃないか（笑）。

辛　三国人発言の時も「俺は在日のことを言っているわけじゃない」と。三国人と言いながら在日のことじゃないって言ってるわけですから。外国人の分断というか、天皇を頂点とする選民思想ですよ。どこで切るのかは、切る方の腹づもり。

バックに中曽根のジジイが……

海渡　僕は石原は一種ボナパルティズム的な政治家だと思う。何らかの対立構造の上に乗って、自分が権力を握ったら今度はそれを離さなくて好きなことをやり始める。今度の都知事選だって、別に彼は本命じゃなかったはずなんだけど、混乱しているところに最後に乗って出てきて勝っちゃったわけでしょ。勝つと大統領気取りでやり始める。そういう意味では自民党なり民主党と何らかの話をつけて、俺に首相をやらせろと言って、首相になったらヒトラーみたいになっちゃう。そういう政治のやり方を狙ってると思っているんです。

佐高 やっぱり中曽根がバックにいるね。中曽根が後にいて、あのジジイがいろいろき焚《た》き付けている。

辛 「外敵の侵攻から守るため」という言い方を今回の防災訓練で言っていますよね。そんなのを見ていると最初からあんなのは防災訓練ではなくて、何らかの意図をもってやっていた、それがずっと彼の中にあるというのが見えてくる。

海渡 九・三についても既に一年前の『VOICE』一九九九年八月号でこう言っていました。「(小渕総理には)陸海空の『三軍』を使った災害時の合同大救済演習をやってもらいたい、東京を舞台に」「実はこれは私のアイディアじゃないんです。中曽根さんが防衛庁長官をやっている時に計画を立てたけど、美濃部知事がノー・サンキューと言ってやらなかった。君がなったらやれよって言うから、そのアイディアいただきと」とはっきり言っているんです。

——美濃部が出てくるところがミソですね(笑)。

海渡 美濃部がやらなかったことを俺がやるというルサンチマンがあるわけね。

宮崎　ものすごいこだわりだ（笑）。

佐高　だって一九七五年の都知事選は石原にとって初めての敗北じゃない？　美濃部に負けたというのは人生初めての敗北なんだよね。

辛　植民地で成金になった金持ちのボンというのはどうしようもないなあ（笑）。

宮崎　中曽根的発想から言うと首相公選論なんですよね。でも首相公選論ということになってくると公選された首相というのは大統領なんですよ。だから統帥権はそこが握る。そうなってくると古い意味の保守陣営の中の天皇主義的なものは逆に壊しちゃうことになるんですね。小沢一郎がかつて首相公選論を唱えていたことがあるんだけど、この頃引っ込めているのは、天皇の問題があるからだと思うんです。彼ら自身が内部に論理的な矛盾を抱え込んでしまう。

　ただ慎太郎や中曽根にしてもいわゆる首相公選論で大衆的、熱狂的な支持を得た上でなるということに対する夢想みたいなものは非常に強い。

佐高　でも中曽根も保守本流ではないわけだよね。保守の中にもきしみがある。

辛　自民党内で彼のことをどう認識してるんですか。

海渡　いまは石原にすがってでも延命するしかないという気持ちが芽生えているんじゃないかな。自民党の中に残っていたリベラリズムみたいなものをかなぐり捨てて、石原でも何でもいいから権力がつながればいいとすり寄った時は、本当に日本がファシズム化する時だと思う。

佐高　シャドー・キャビネットは田中康夫かもしれない（笑）。石川好が「石原に対抗できるのは田中康夫しかいない」と言っていた（笑）。

――それが今日のオチですか（笑）。

宮崎　最後にもう一つ言っておきたいのは、今回の九・三でやろうと思えばできたんじゃないかと思うんだけれど、インターネットで集会とデモをやるということですね。インターネット上の集会場とデモコースを作ればいい。そうすれば自分の家から参加できるわけでしょ。あっという間に一万〜二万人が参加できる。そういうこともこれから考えていきたい。

――電脳突破党の新しい提案ですか。でもデモをネット上でどうやるんですか？

宮崎　いやできるよ。シュプレヒコールをあげればいい。形態はいくらでも考えられるんだから。

佐高　インターネットでデモ……何を言っているか全然わからない（笑）。

（『創』二〇〇〇年一一月号）

辛　淑玉（シン スゴ）　一九五九年東京都生まれ。人材育成コンサルタント。へイトスピーチとレイシズムを乗り越える国際ネットワーク（のりこえねっと）共同代表。著書に『不愉快な男たち』（講談社）『その一言が言えない、このニッポン』（七つ森書館）ほか。

海渡雄一（かいど ゆういち）　一九五五年兵庫県生まれ。弁護士。NPO法人監獄人権センター代表。著書に『監獄と人権』（明石書店）『反原発へのいやがらせ全記録——原子力ムラの品性を嗤う』（明石書店）ほか。

宮崎　学（みやざき まなぶ）　一九四五年京都府生まれ。作家。著書に『突破者』（南風社）『異物排除社会ニッポン』（双葉新書）ほか。

あとがき

最近の石原の発言で話題になったのは、二〇一六年夏の東京都知事選挙で、自民党や公明党が推した増田寛也に対抗して立った小池百合子への〝厚化粧〟発言である。

これは七月二六日に自民党本部で開かれた増田候補の総決起集会で出たものだった。

「大年増の厚化粧がいるんだな、これが困ったもんでね。そこに私の息子もいて苦労しているけど、都連の会合に一回も出てこずに、『都連はブラックボックスだ』なんて聞いたようなことを言っちゃいけないんだよ。とにかく岩手県で行政手腕を発揮した増田さんに任せないとね、やっぱり厚化粧の女に任せるわけにはいかないね、これは」

老残の爺がわが身も顧みずによく言ったものである。

「そこに私の息子もいて」は、自民党東京都連会長だった石原伸晃を指す。いつまでもオムツがとれないような幼児的この息子は、父親の前に、こんな宣言をした。

「（小池候補は）自分で推薦届をお取り下げになられた。わたしはそのときをもって、また今日をもって、小池候補は自民党の人間ではない！　わたしはこのように思っております」

私は小池に共鳴する者ではないが、小池を除名もできないで、自民党にしがみついている人間が何を言うか、である。

「厚化粧」発言は特に女性陣の反発を招き、小池には追い風になった。

それで小池は、それについて質問されると、

「エールをいただいた結果になった」

と笑ったという。

ところで、石原慎太郎と小池の父、勇二郎とは、かつて仲間だった。

一九六八年夏の参議院議員選挙に自民党から出馬し、史上初の三〇〇万票を獲得して当選した石原の「日本の新しい世代の会」というのがあり、小池勇二郎はその関西地区での世話役を引き受けていた。のちに国会議員となる鴻池祥肇《こうのいけよしただ》や、石原の腹心として東京都の副知事を務めた浜渦武生《はまうずたけお》らと活動を共にしていたのである。

ちなみに、当時、浜渦は関西大学の学生で芦屋の小池家に居候をしていたという。

勇二郎は二度、国政に挑戦し、落選して多額の借金をつくった。それを東京に逃がして匿ったのが、最後の黒幕と呼ばれる朝堂院大覚《ちょうどういんだいかく》である。

大下英治の『挑戦　小池百合子伝』（河出書房新社）によれば、のちに百合子が兵庫二区から衆議院選に打って出た時、マスコミは「父親の遺恨を晴らすため」と報じたが、彼女にそんな気はさらさらなかったし、勇二郎も出馬に反対だった。自民党から出るならともかく、わけのわからない日本新党などから出るのはダメといった態度だったのである。しかし、百合子は父親のツテなどまったく当てにせず立った。

父親の七光りだけで生きている石原の息子の伸晃らとの何という違いだろう。

そんな背景があって、石原の「厚化粧」発言は出てきたのである。ワガママ坊やならぬワガママ爺の人生哲学は、受けた恩は忘れて、かけた恩はいつまでも忘れない、なのだろう。

弟の裕次郎との関係でもそうである。

ミリオンセラーとなった『弟』(幻冬舎)について、ある文芸評論家が語る。

「当時、たしかに『弟』は故・裕次郎の十回忌だったこともあり、爆発的に売れ、マスコミで話題にはなりました。しかし、文壇内ではまったく評価されなかったばかりか、批評家たちの批評対象にもなっていなかった。なぜなら作品の構成といい文章といい、あまりにも文学としての質が悪かったからです。たぶん編集者や文壇関係者で、あの『弟』を最後までちゃんと読んだ人間はいなかったと思いますよ」

本文でも指摘したように、石原だけは田中角栄を書いてはいけない。田中の日中国交回復を徹底的に邪魔し、売国奴呼ばわりした人間だからである。

しかし、『天才』(幻冬舎)で田中を描き、ベストセラーになった。

石原には恥ずかしいとかいう感覚はないのだろう。厚顔という顔料で、それこそ

〝厚化粧〟されているのである。
そんな人間が都知事になってしまった。トランプを大統領にしたアメリカを嗤《わら》ってはいられないのである。

追記　本書はこれまでに書いてきた石原批判に、いくつかの新稿を加え、再構成したものである。第三章の座談会も石原の「非人間性研究」には示唆的だと思って入れることにした。

二〇一七年一月　　佐高　信

佐高　信(さたか まこと)
1945年山形県酒田市生まれ。慶応義塾大学法学部卒業。高校教師、経済誌編集者を経て評論家に。経済評論にとどまらず、政治、教育など現代日本について辛口の評論活動を続ける。著書に『自民党と創価学会』(集英社新書)、『西郷隆盛伝説』(光文社知恵の森文庫)、『メディアの仕掛人、徳間康快』(講談社＋α新書)など多数。

石原慎太郎への弔辞

2017年1月11日 第1刷発行
2017年3月20日 第3刷発行

著　者	佐高　信
発行者	千葉 弘志
発行所	株式会社ベストブック 〒106-0041 東京都港区麻布台3-4-11 麻布エスビル3階 03(3583)9762(代表) 〒106-0041 東京都港区麻布台3-1-5 日ノ樹ビル5階 03(3585)4459(販売部) http://www.bestbookweb.com
印刷・製本	中央精版印刷株式会社
装　丁	鈴木　弘(ビーエスエル)

ISBN978-4-8314-0212-7 C0036